O PAI DE FAMÍLIA

ROBERTO SCHWARZ

O pai de família
e outros estudos

Copyright © 2008 by Roberto Schwarz
1ª edição, Paz e Terra, Rio de Janeiro, 1978

Capa
Mariana Newlands sobre *Episódios* (1958) óleo s/tela de Maria Leontina. 55 × 33 cm. Coleção particular. Reprodução Rômulo Fialdini.

Preparação
Leny Cordeiro

Revisão
Carmen S. da Costa
Valquíria Della Pozza

Dados Internacionais de Catalogação na Publicação (CIP)
(Câmara Brasileira do Livro, SP, Brasil)

Schwarz, Roberto
O pai de família e outros estudos / Roberto Schwarz. — São Paulo : Companhia das Letras, 2008.

ISBN 978-85-359-1230-2

1. Crítica literária 2. Ensaios brasileiros I. Título.

08-03402   CDD-869.94

Índice para catálogo sistemático:
1. Ensaios : Literatura brasileira   869.94

[2008]
Todos os direitos desta edição reservados à
EDITORA SCHWARCZ LTDA.
Rua Bandeira Paulista 702 cj. 32
04532-002 — São Paulo — SP
Telefone (11) 3707-3500
Fax (11) 3707-3501
www.companhiadasletras.com.br

ao meu mestre-açu Acê

Sumário

Sobre *O amanuense Belmiro* 9
"A tribulação de um pai de família" 22
O cinema e *Os fuzis* 29
Sobre o raciocínio político de Oliveiros S. Ferreira 37
Nota sobre vanguarda e conformismo 47
Didatismo e literatura 55
Cultura e política, 1964-1969 70
19 princípios para a crítica literária 112
Termos de comparação, de Zulmira R. Tavares 115
Utopia 117
Anatol Rosenfeld, um intelectual estrangeiro 119
As casas de Cristina Barbosa 133
Cuidado com as ideologias alienígenas 136
Revisão e autoria 146
Sobre as *Três mulheres de três PPPês* 150
Nota bibliográfica 177

Sobre *O amanuense Belmiro*

Grandes obras são aquelas que têm sorte em seus pontos mais duvidosos.
Theodor W. Adorno

As páginas iniciais d'*O amanuense Belmiro* são extraordinárias, no andamento e na variedade. Com poucas linhas vemos um bar de parque, soldados e mulatas indo e vindo, mesas de ferro, o cervejeiro alemão, garçons, música de vitrola, povo dançando, uma roda de chope — essa já chegada ao nono copo e à metafísica. A narrativa é clara e sóbria: as coisas são o que são, atendem pelo nome, não precisam ser explicadas. Mesmo o argumento de Silviano, sobre "a conduta católica", não leva o leitor a pensar. É filosofia de boteco, para ser vista mais que meditada. Também no segundo capítulo, o brio do andamento é igual. Entramos em casa de Belmiro, e aparecem as suas irmãs velhas, Emília e Francisquinha; uma é esquisita, a outra, louca, uma faz renda de bilro e a outra embaraça os fios. A desenvoltura dessa prosa, a sua facilidade e rapidez, devem-se à familiaridade do tema: chope, discussão, ponto de bonde, são coisas que dispensam apresentação; e juntadas com propriedade, com graça no detalhe, têm força evocativa.

É no terceiro capítulo — embora a prosa continue a mesma — que a experiência de leitura se modifica: *surgem problemas*. Belmiro Borba, filho de fazendeiros, deixa a Vila Caraíbas e vem a Belo Horizonte, onde se torna amanuense e literato. A transformação não é de cenário apenas: gira em torno de um conflito, de modo que nosso interesse passa do *perceptível*, que a palavra faz ver simplesmente, para a significação dramática. "Tive amores infelizes, fiz sonetos": o sentido da frase não está mais nela mesma, mas no "desvio da linhagem rural", na referência ao velho pai fazendeiro, aos "seus cinqüenta artigos, em série, sob a epígrafe geral de *Rumo à Gleba*." E mais, nem a oposição entre filho e pai pode ser entendida por si só, pois é parte de uma constelação coletiva, da extinção do "brilho rural". Aos fatos, que eram simples, corresponde agora um mundo abstrato de noções, que os transcende e tende a minimizar. *Os fatos perderam a sua presença*. Para recuperá-la, com as *virtualidades* que agora são parte sua, a prosa deveria tornar-se lenta e analítica. Se entanto insiste em guardar a leveza de seu passo inicial, não poderá guardá-la com sentido inalterado: o que era felicidade da prosa plena tornou-se lepidez melancólica, esforço consciente de preservar a graça *a despeito* da vida. A dicção ligeira, que foi alegria de contar, transforma-se em recurso amenizador, é maneira de poupar, de evitar o confronto radical das posições. Aponta menos para o seu objeto que para a psicologia de quem diz.

> E a mesada do velho se consumia em livros que as necessidades sentimentais e espirituais do mancebo ardentemente reclamavam. Quando, num fim de ano, ele (o pai) veio a Belo Horizonte e verificou o logro (literatura em lugar de agrimensura) houve cena pe-

sada. Uma dessas discussões em que nós, Borbas, nos dizemos coisas duras, para depois, num desfecho melodramático, nos abraçarmos. O velho voltou com uma grande dor no coração, para gravame de sua insuficiência mitral, e mais tarde um deputado me introduziu na burocracia. [§3]

O destino de Belmiro definiu-se nestas linhas, que não poderiam ser mais breves, nem menos definidoras. Há método no procedimento: em nome de algo como pudor, ou modéstia, exclui tudo que possa precisar a situação. Da discussão sabemos que foi dura e terminou em abraço; dos argumentos, nada. As necessidades sentimentais e espirituais são ardentes — dariam razão a Belmiro — mas não são descritas, e são de mancebo, palavra que lhes dá o cheiro da literatice. E fato final: um lugar no mundo, na carreira burocrática, pela mão de um deputado. A elegância da narrativa é derrotista; constata, e descarta o que não prevaleceu. Porque não deram em literatura as necessidades são de mancebo. Porque termina em abraço, uma discussão não tem razões que importem. Se Belmiro acabou burocrata, é quanto basta saber. Perdeu-se o preço das soluções, a medida do que não foi. A ironia, de segundo grau, mal se distingue do conformismo simples; ataca o poeta mais que o funcionário, o propósito mais que o fracasso. A virtualidade não relativiza o fato; de modo que chegamos à tautologia, à cumplicidade do derrotado com a sua derrota: o poeta que não foi, não foi, e existe o burocrata. A prosa risonha anima — principalmente à submissão.

Entre as duas levezas, a substancial e a subjetiva, prevalece a segunda, que é de Belmiro e é o contexto em que a primeira, ilusória, fará sentido. Com efeito, se voltamos ao princípio do livro sentiremos o refluxo — que não lhe cancela, mas transforma a beleza. No episódio das irmãs velhas, a releitura chega a prejudicar um pouco a plenitude inicial, deixa o senso do incompleto. A propriedade dos Borba foi à praça, e as velhas, que "tiveram de viver sempre na fazenda, como bicho-do-mato, entre o pessoal de serviço", vieram para a cidade. A narrativa tem uma frase para o custo engraçado e visível de metê-las num trem, e nenhuma para a desqualificação genérica e invisível — mas esta essencial — que a viagem lhes trouxe. A omissão não é acidente, é parte da cegueira profilática de Belmiro, que doutro modo não poderia admirar na mana Emília, supersticiosa e destrambelhada, "uma presença vigorosa e viril". Também a primeira cena, do bar no parque, passa por essa transformação, transposição da plenitude em clave de melancolia, de alegria irreal. "A euforia que o chope traz!" É Belmiro mesmo quem reconhece o teor um pouco levitado da prosa. A confusão democrática é uma festa para os olhos: *pretos reforçados, cabra gordo, de melenas, garçons urgentes, proletariado negro, filosofia e teologia, vitrola, mulatas dengosas, conduta católica, Regimento de Cavalaria, alemão do bar*. Mas as palavras, como que eriçadas, recusam a promiscuidade. A enumeração desafinada é parente ancestral do discurso revolucionário: Operários, Sargentos, Camponeses, Estudantes, Minhas Senhoras e Meus Senhores. Preto reforçado e proletário, cabra gordo e garçom urgente, vitrola e Regimento de Cavalaria — o conflito social está sedimentado e esboçado no próprio vocabulário do amanuense, cuja prosa, entretanto, festeja a todos cordial e indistintamente. O andamento ingênuo da narrativa não é realista, mas não é, também, estilização apenas pessoal: embora recatado e apolítico, o fraternalismo sentimental de Belmiro tem parte na sensibilidade populista. A presteza da prosa não reflete, compensa o peso da experiência real.

Noutras palavras, o amanuense Belmiro é forte na evocação amável, e tímido na reflexão. O pudor é a sua fraqueza intelectual, é adversário natural da crítica descomprometida. Mas: *porque o romance é escrito em forma de diário, as freqüentes platitudes de seu herói e pseudo-autor não são defeito*, embora sejam limite. O que seria falha em terceira pessoa narrativa, em primeira pessoa do singular é caracterização. A mistura belmiriana de perspicácia, cultura, banalidade e lirismo fixa, em profundidade, uma personagem freqüente e central na literatura brasileira.

Durante o Carnaval, Belmiro sai à rua para espiar. É arrastado. "O braço que se lembrou do meu braço tinha uma branca e fina mão. Jamais esquecerei: uma branca e fina mão." Uma percepção entre infinitas outras, mas inesquecível. A fórmula extrema dessa contingência está em Drummond, que dispensa a beleza no objeto:

Nunca me esquecerei desse acontecimento
na vida de minhas retinas tão fatigadas.
Nunca me esquecerei que no meio do caminho
tinha uma pedra
tinha uma pedra no meio do caminho
no meio do caminho tinha uma pedra.

Olha ao lado. "Pareceu-me que descera até a mim a branca Arabela, a donzela do castelo que tem uma torre escura onde as andorinhas vão pousar." Primeiro a mão, inesquecível, percepção fora de qualquer contexto; depois o rosto, que parece realizar um mito da infância caraibana (§7). A própria mão, aliás, por ser branca e fina, pertence à Vila Caraíbas — lugar natural dos adjetivos simples e puros, da alvura e delicadeza que não existem mais. Tempos antes, procurando um farmacêutico, Belmiro batera em casa errada. "Uma criada, que me veio atender, esclareceu logo o equívoco, mas o fato me deixou duas impressões nítidas…" O aroma de uma planta sertaneja, a dama-da-noite, e uma voz celestial que cantarolava uma canção cantada outrora por Camila, a namorada da adolescência em Vila Caraíbas (§10). Há duas moças, por enquanto, herdeiras respectivas de Arabela e Camila; convergem na imaginação, e mais tarde, como era de esperar, também na realidade. Belmiro descobre que se trata de uma só. A dona da casa e da voz é a mesma, logo amada, que fez o mito descer à terra. Chama-se Carmélia — misto de Camila e Arabela — e é moça da *haute gomme* de Belo Horizonte; já Belmiro é quase quarentão e amanuense.

O método amatório de Belmiro não é realista. A beleza do acidente, a coincidência involuntária das imagens atuais e da infância, não dá acesso a Carmélia. São inteiramente separados os percursos que levam ao amor e à pessoa. A figura de Carmélia responde em detalhe aos desejos do amanuense, tais como o tempo os sedimentou e tornou insubstituíveis; não porque seja bela, amiga ou acessível, mas porque evoca Arabela e Camila. Não é por isso, entretanto, que a distância entre Belmiro e o Country Club fica menor. Seu amor não passa, para formar-se, pelo assentimento ou pela recusa da amada, não se ocupa de viabilidade. É um arranjo interior das imagens, que não leva em conta a ordenação objetiva da vida. No contexto do romance, as suas virtualidades são contraditórias. Tem um traço claro de misantropia: construído a distância de seu objeto e sobre a coincidência de memória e percepção, não poderá nem quer cumprir-se. Ainda que figura, mão e voz sejam amadas, isto é, *reconhecidas*, não garantem que a pessoa atrás delas seja também familiar; e haverá sempre a desafinação irredutível de uma orelha ou de um pé que não tenham exemplo na infância. Doutra parte, desligado das regras práticas e sem qualquer veleidade moral, o método belmiriano tem aspectos ousados. Recusa a desqualificação "razoável" da experiência sensível, com seu lastro de memória; como exigência de felicidade é radical. Atém-se ao homem, agora e aqui, e levaria longe se obedecido à risca. É parente da soberba de Goethe: "Se te amo, o que tens a ver com isso?". Belmiro, porém, é prudente também com o seu método, que só raramente vence o decoro do autor. Quando o amanuense anda pelas ruas, esperançoso de ver a desconhecida amada, entrevemos o insólito, o elemento selvagem de seu estilo: a fantasia irredutível, sobreposta à conveniência. Mas são apenas instantes, e a maldição da paixão anônima, que estaria evidente, por exemplo, no terror da abordagem, não é sequer insinuada. A teoria belmiriana, da contingência radical do amor, é combinada aos costumes de moço bom, de modo que resulta apenas em beco e melancolia. Quando não reivindica, a sensibilidade vira sensitiva e se reduz a pedir que não machuquem; é estética de acomodação.

> Há muito que ando em estado de entrega. Entregar-se a gente às puras e melhores emoções, renunciar aos rumos da inteligência e viver simplesmente pela sensibilidade — descendo de novo, cautelosamente, à margem do caminho, o véu que cobre a face real das coisas e que foi, aqui e ali, descerrado por mão imprudente — parece-me a única estrada possível. Onde houver claridade converta-se em fraca luz de crepúsculo, para que as coisas se tornem indefinidas e possamos gerar nossos fantasmas. Seria uma fórmula para nos conciliarmos com o mundo. [§7]

A nota é de uma Quarta-feira de Cinzas, "chuvosa e reflexiva", em que o Belmiro "patético e obscuro" leva a melhor sobre o "literato sofisticado". Faz ressaltar claramente a significação ambígua da sensibilidade, cambiante entre vindicação e conformismo. "Estado de entrega" indica falência, mas é triunfo, pois a queda, ascensional, leva "às puras e melhores emoções". Assim também a renúncia aos "rumos da inteligência", que poderia parecer fracasso, é acesso ao positivo, à região mais autêntica da sensibilidade simples. Embora o itinerário seja estranho — a verdade através do cansaço —, propõe um princípio de autenticidade, que resta examinar. Surpreendentemente, não tem compromisso com a verdade; manda repor o véu sobre a face real das coisas, que por imprudência haviam sido expostas. Governar-se pela sensibilidade, portanto, é ligar-se à *aparência tradicional*, cuja ruptura é *imprudente*, e não à verdade. A alma sensível, que por vezes é *diferença*, é penhor, aqui, de conformismo. E mais curioso: a fidelidade à tradição não aparece como questão *ética*, mas de *cautela* — pois esta parece "a única estrada possível". De modo que também ela não deve ser levada longe demais. E no que consiste essa estrada praticável? Em diminuir a luz, de modo que possam todos fantasiar ao crepúsculo, cultivar em surdina as mais puras emoções, conciliados com o mundo, que mal se vê. Busca de pureza e busca de repouso, utopia e sanatório, aproximam-se muito. É monumental, vertiginosa, a falta de retidão do pensamento. A prosa culta e ponderada, que deve a sua autoridade ao gesto de clareza, confunde falência e sabedoria, conformismo e sensibilidade, imprudência e veracidade, o praticável e o certo, meia-luz e liberdade. A postura de fino desencanto nobilita o obscurantismo, que sequer é voluntarioso ou oportunista, apenas cauteloso e cansado. Nada leva a nada — é este o horror do livro. Nem a cultura garante lucidez, nem a floresta de contradições produz um conflito. *Brejo das almas*, porém com graça.

Ao longo do diário, das entradas mais ou menos espaçadas, desenha-se a vida do amanuense, infere-se a sua evolução. Está nela o eixo do romance. Tomados um a um, entretanto, os capítulos tratam desordenadamente do cotidiano e da memória, circulam entre os dois. As reflexões e descrições do mundo social não formam, portanto, embora esbocem, um sistema autônomo; são materiais, apenas, através de cuja consideração a fisionomia de

Belmiro se compõe. Não obstante, é deles, naturalmente, que ela depende. Há reciprocidade, com precedência da biografia sobre o mundo, que está para servi-la. Para exemplo: o amanuense nasceu em Vila Caraíbas, onde cresceu e se apaixonou, e envelhece em Belo Horizonte. É fatal que suas recordações estejam imbricadas com a passagem do campo à cidade, da fazenda à burocracia, da ordem familiar à roda dos amigos citadinos. Por isto, mesmo quando são mais pessoais e obsessivas, as suas evocações têm o benefício da substância social; não é somente o tempo que as separa da juventude. Por outro lado, o romantismo fácil das imagens caraibanas é desculpado, autorizado pela sua referência, que é o Belmiro infeliz e não a verdade. O equilíbrio da narrativa é difícil: o detalhe social das evocações é suficiente para complicar a nostalgia do amanuense, para fazê-la concreta, mais que mera lamentação da juventude que passou; e é suficientemente insuficiente para evidenciar as limitações de Belmiro. Noutras palavras, o que Belmiro diz é bastante para concretizar-lhe a figura e para prová-lo limitado, para permitir, embora não force, uma leitura que transcenda o seu ponto de vista e o tenha por tema.

O mesmo vale para as suas descrições do tempo presente. Belmiro gosta de se conceber como último fruto, final de uma linha de decadência e aristocratização concomitantes — outro exemplo de queda para cima. O avô Borba era inteiriço, o pai, um leitor de Horácio, e Belmiro é literato e amanuense. Daí a duplicidade da ironia, que amassa o neto em nome da fazenda poderosa e da utilidade pública, e ri do avô em nome do literato democrata e racionalista. Pois bem, embora Belmiro não perceba, a sua evocação deixa ver, nas outras personagens, um movimento igual. Jandira está perto de ser moça emancipada e politizada, mas lamenta não ter irmãos ou pai que a defendam, e faz questão de vestir como se fosse rica. Glicério vacila entre nietzschiano e arrivista. Silviano, enquanto pai de família, é um filósofo; como filósofo, entretanto, escreve um estudo sobre o suicídio, na esperança de "recomendar-se ao Reitor da Universidade, para que este lhe melhore a situação" (§20). A condição comum é óbvia, embora não esteja explicitada com nitidez. Faz que ressalte a cegueira do amanuense, que resta interpretar.

Belmiro vê mérito e realismo em ver somente o visível, os homens e não a situação.

> Por que hão de classificar os homens em categorias ou segundo doutrinas? O grande erro é pretender prendê-los a um sistema rígido. Socialismo, individualismo, isso, aquilo. As idéias de um homem podem não comportar-se dentro dessas divisões arbitrárias. Não é possível ser-se tudo ao mesmo tempo? [§40]

É como se o rótulo tivesse a culpa do estado de coisas que constata. Não fosse a teoria socialista, e todos os homens poderiam ser tudo ao mesmo tempo, capitalistas e proletários por exemplo, um de cada vez, para não criar maus hábitos. O amanuense prossegue: "Dizem que tal perplexidade ou tal ceticismo conduzem à inação. A prova do contrário está em mim. Atuo, no meu setor, como se acreditasse nas coisas. As necessidades vitais fazem o homem agir e não permitem que ele se torne um contemplativo puro" (§40). Primeiramente, confunde ativismo e ganha-pão. Em seguida, como se da fé nascesse o emprego, deriva a sua atividade burocrática da crença fingida nas coisas — quando o inverso é bem mais plausível. E, finalmente, a contingência de ganhar pão é promovida a "necessidade vital", tornando temível não mais a fome, mas o estado "contemplativo puro". O país de Belmiro, embora silencioso e filosófico, também é cheio de marechais.

Porque é a favor da igualdade e da fraternidade, o amanuense afirma a inexistência real da diferença. "Onde os outros vêm unidades mecânicas da massa, ou abstrações econômicas, eu vejo homens, criaturas que sentem e pensam" (§22). Ainda uma vez, importa ressaltar o sentido, a verdade relativa do senso comum belmiriano, que lhe dá viabilidade prática e literária. Num dos capítulos mais interessantes do livro, a polícia resolve dar uma busca política em casa de Belmiro — um dia após o levante comunista de 1935. Belmiro:

> Pensei logo em Emília, e na interpretação que poderia dar à busca. Pondo-o [ao delegado] a par da situação especial de minha casa, pedi arranjasse as coisas de forma que não atribulasse a velha; que, se fosse possível, destacasse, para a diligência, o investigador Parreiras, meu conhecido [o que se interessou pelo caso de Giovanni], e, ainda, que este levasse, em sua companhia, o acadêmico Glicério de Souza Portes, meu companheiro de Seção. Assim a velha não se assustaria. [§56]

O delegado acede, e a teoria das "criaturas que sentem e pensam" e se sobrepõem às abstrações institucionais se prova eficaz. O apelo procura, atrás da autoridade, o homem compreensivo e de família; atrás da qualidade funcional, o ser humano que poderia estar em igual situação. Mas esta humanidade, que de fato é comum aos dois, é menos genérica do que parece. Nos apelos a que responde, está configurada uma situação social: uma casa respeitável, um conhecido na polícia, a posição de funcionário, e, mesmo se com ironia, o apreço pelo grau acadêmico, mais a amizade de um portador dele. E na base de tudo, naturalmente, a imprescindível certeza de não ter feito nada. Para evidenciar os limites sociais, a parcialidade dessa universalidade, basta perguntar: Belmiro, tendo culpa ou sendo operário, faria o mesmo pedido? Só então estaria posta à prova a idéia da humanidade que está acima das "abstrações econômicas". Quando procura no delegado um seu igual, o amanuense tem razão. O privilégio confirma Belmiro em sua fé na humanidade.

Em Belmiro convivem os inconciliáveis: o democratismo e o privilégio, o racionalismo e o apego à tradição, o impulso confessional, que exige veracidade, e o temor à luz clara. Ora, para estar dos dois lados é preciso que Belmiro esteja, de algum modo, a salvo destes conflitos. A pedra seca do amanuense é a burocracia. Por ser uma extensão do privilégio rural, a sinecura é o posto menos urbano da cidade. A Seção do Fomento Animal, onde os homens "esperam pachorrentamente a aposentadoria e a morte", reproduz, minguada, a regularidade "natural" da condição anterior: a racionalidade é impossível, e se é possível é intolerável. Em termos do antagonismo entre vida citadina e fazenda, a Seção do Fomento pareceria estar deste segundo lado. A mesma precedência do hábito sobre a cabeça, também aqui encobrindo o privilégio. Da Vila Caraíbas à Repartição, Belmiro passou do mesmo ao mesmo; ou quase, pois embora não seja obrigado ao ritmo urbano, a presença deste torna clara a sonolência do outro. Plantado na sinecura, privilégio pequeno mas evidente, Belmiro herdou a mais confortável e pior das constelações: por consciência, não admite mais o ciclo "natural", de trabalho, casamento e filhos; pela situação, vive a vida imutável, à qual somente o ciclo natural traria variação. Noutras palavras, do mundo "moderno" vem a convicção de que só conta o que se faz; e do antigo, por mão de deputado, vem o privilégio, o emprego no qual mover-se muito seria falta de naturalidade. Resta entretanto completar a imagem, para que o mal de Belmiro não pareça mera inércia, mal de não mudar de emprego. É preciso questionar também a cidade: embora seja razão em face da fazenda, ela não é razão em si mesma. Na esfera privada, oferece aperturas familiares e financeiras; na esfera pública, o trabalho idiota e a roda de chope, expressões máximas de sua vida coletiva e de seu igualitarismo. É natural que, em comparação, a fazenda com as suas festas verdadeiras brilhe por sua vez. Pequeno burocrata, Belmiro é vítima e beneficiado a um tempo, de modo que a sua gratidão deve ser melancólica, a sua crítica amena e sua posição incerta.

Entre a vida rural e a burocracia, entre o passado e o presente, não há transformação radical. O romance da urbanização, que por sua natureza deveria ser *dramático*, pode tornar-se *lírico* da perspectiva intermediária do burocrata. Do ponto de vista da construção romanesca, de fato, a biografia de Belmiro é um princípio lírico: evocação saudosa do que passou, mais que senso de conflito e destruição; e mais do que crise, decomposição do presente. O irremediável não está na perda, está na continuidade; os traços não variam, varia apenas a sua acentuação. Em conseqüência, o tempo não chega a se articular, é subjetivado, governado pelo movimento atmosférico da memória e da divagação. A sua presença no livro, obsessiva, deve a força ao que não produziu. Porque nasce da experiência do que não vem a ser, é como um borrão negativo que se espraia até anular a folha: "Esqueceu-me dizer-lhe que a vida parou e nada há mais para escrever". A imobilidade, forma negativa de conciliação, é a sua figura final.

(1964)

"A tribulação de um pai de família"*

Dizem alguns que a palavra *odradek* provém do eslavo, e procuram determinar a formação da palavra com base nesta afirmação. Já outros acreditam que ela provenha do alemão, do eslavo teria apenas a influência. A incerteza das duas interpretações autoriza entretanto a supor que nenhuma delas acerta, mormente porque nenhuma nos leva a encontrar um sentido para a palavra.

Como é natural, ninguém se ocuparia de tais estudos se não existisse realmente um ser chamado odradek. À primeira vista, parece um carretel de linha, achatado e estreliforme; e aparenta, de fato, estar enrolado em fio; é bem verdade que os fios não serão mais do que fiapos, restos emendados ou simplesmente embaraçados de fio gasto, da mais diversa cor e espécie. Mas não se trata apenas de um carretel, pois no centro da estrela nasce uma vareta transversal, de cuja extremidade sai mais outra, em ângulo reto. Com auxílio desta segunda vareta, por um lado, e duma das pontas da estrela por outro, o todo se põe de pé, como sobre duas pernas.

---

* O conto é de Kafka, a tradução e o comentário são meus.

Seria o caso de se acreditar que este objeto, outrora, tenha tido alguma finalidade, que agora esteja apenas quebrado. Mas, ao que parece, não é o que se dá; ao menos não há sinal disso; não se vê marca alguma de inserção ou de ruptura que indicasse uma coisa destas; embora sem sentido, o todo parece completo à sua maneira. Aliás, não há como dizer coisa mais exata a respeito, pois Odradek é extraordinariamente móvel e impossível de ser pego.

Ele vive alternadamente no sótão, no vão da escada, nos corredores, no vestíbulo. Às vezes desaparece por semanas inteiras; provavelmente se muda para outras casas, mas é certo que acaba voltando à nossa. Cruzando a soleira, se ele está encostado ao corrimão, lá embaixo, às vezes dá vontade de lhe falar. Não se fazem naturalmente perguntas difíceis, ele é tratado — já o seu tamaninho nos induz — como uma criança. Pergunta-se "qual é o teu nome?". Ele responde "Odradek". "E onde você mora?" Ele responde "residência indeterminada", e ri; mas é uma risada como só sem pulmões se produz. Soa, quem sabe, como o cochicho de folhas caídas. De hábito, este é o fim da conversa. Mesmo estas respostas, aliás, não é sempre que se obtém; com freqüência ele fica mudo, por longo tempo, como a madeira que aparenta ser.

Inutilmente eu me pergunto — dele, o que será? É possível que ele morra? Tudo o que morre terá tido, anteriormente, uma espécie de finalidade, uma espécie de atividade, na qual se desgastou; não é o que se passa com Odradek. Será então que no futuro, quem sabe se diante dos pés de meus filhos, e filhos de meus filhos, ele ainda rolará pelas escadas, arrastando os seus fiapos? Evidentemente ele não faz mal a ninguém; mas a idéia de que além de tudo me sobreviva, para mim é quase dolorosa.

"A tribulação de um pai de família"* é uma obra-prima de poucas linhas. Seu arabesco delicado e breve é violentíssimo e mor-

---

* Traduzido por Modesto Carone como "A preocupação de um pai de família", em *Um médico rural*, Companhia das Letras, 1999. (N. E.)

de o nervo de uma cultura inteira. Não explica, mas implica a vida burguesa com tal felicidade que ela sai triturada — de uma cena simples e doméstica, um pouco fantasiosa. A chave do mundo, para Kafka, é de lata, e pode estar nos subúrbios. Se Kafka fosse revolucionário, não fabricaria bombas, mas supositórios.

A escola alemã e a escola eslava disputam a palavra Odradek. Disputam, mas não lhe conhecem o sentido. Fica implícito que são idiotas, bem ao contrário do pai de família, que faz a observação e triunfa nestas primeiras linhas. O pai de família consolida o seu triunfo, dizendo que "realmente, como é natural, à primeira vista, de fato, é bem verdade", palavras que supõem, e pressupondo estabelecem, a comunidade do bom senso. É tão ponderado e objetivo, além de espirituoso, que não diz "eu" nem "nós" até perto do final. Por enquanto, aliás, não chega a existir como personagem, é simplesmente uma voz narrativa. O sujeito de suas afirmações é como que um "se", para indicar o consenso anônimo, indiscutível e discretamente alegre dos homens de juízo.

O homem razoável, como vimos, pretende não ser um chato. Sem prejuízo de solicitar a aprovação geral, o pai de família dá uma descrição cômica de Odradek, apresentado como velharia cuja finalidade se perdeu. É ridículo um ser que tenha forma de carretel sem ser carretel, tanto mais se estiver coberto de fio embaraçado. O riso, diante da coisa inútil e obsoleta, é de superioridade. À superioridade do homem sensato e risonho acrescenta-se a do homem prático. Adiante vem a do adulto, criada pela bonomia com que se fala do pequeno Odradek. O procedimento é sempre o mesmo: aliciar o leitor, estabelecer o acordo tácito entre adultos, brancos, civilizados.

Súbito, um detalhe que não é detalhe: a coisa estranha sabe ficar de pé, tem vida. O fato é mencionado como se fosse um fiapo a mais no carretel. Mas não é, e muda tudo — mudança indicada na tradução pela troca da inicial minúscula pela maiúscula. Por que descrever como inerte um ser vivo? É como dizer: mais redondo que anguloso, amarelo, um pouco amassado, e primo de José Arthur. A própria descrição física de Odradek, descrição de um traste, muda de sentido, pois se entre objetos o traste é sempre negativo, entre vivos a sua gratuidade pode mudar de sinal — como veremos. A narração passou, pois, a parecer intencional, há tática em seu gesto descritivo e sensato. O procedimento poderia ser humorístico apenas, mas já o parágrafo seguinte mostra que não. O anonimato da voz narrativa é falso, deixa entrever, aos poucos, a tribulação do pai de família, e se desmancha nas linhas finais, quando prevalece o pronome natural da tribulação, i.e., "eu". Paralelamente, o pai de família reconhece a "pessoa" de Odradek: trata-o pelo pronome pessoal (*er*, ele), e não mais pelo indefinido (*es*, it), como a princípio. Este reconhecimento associado, da existência de Odradek e da infelicidade subjetiva, mal escondida pela face público-razoável, é o que resta explicar.

Assim como sonegou a vida de Odradek, por um parágrafo inteiro, o pai de família supõe, agora, que ele esteja "apenas quebrado" — embora logo reconheça, e repita três vezes, que não é assim; até pelo contrário, Odradek "parece completo à sua maneira". Se relemos o conto notamos, atrás da postura objetiva, ou nela mesma, que se presta, a difamação impalpável mas sustentada de Odradek — na escolha das palavras, na reticência ponderada do vezo narrativo. Por quê?

Odradek é móvel, colorido, irresponsável, livre do sistema de compromissos que prende o pai à família. Mais radicalmente, como construção, Odradek é o impossível da ordem burguesa. Se a produção para o mercado permeia o conjunto da vida social, como é próprio do capitalismo, as formas concretas de atividade deixam de ter em si mesmas a sua razão de ser; a sua finalidade lhes é externa, a sua forma particular é inessencial. Ora, Odradek não tem finalidade, i.e., finalidade externa, e é completo à sua maneira, i.e., tem a sua finalidade em si mesmo, sem o que não há ser completo. Odradek, portanto, é a construção lógica e estrita da negação da vida burguesa. Não que ele esteja simplesmente em relação negativa com ela: ele é o próprio esquema da sua negação, e este esquematismo é essencial à qualidade literária do conto. É ele que garante alcance, um alcance extraordinário, aos detalhes da prosa miúda e cotidiana; referidos a Odradek, tornam-se opções diante da cultura.

Em escala modesta, a existência utópica de Odradek é subversiva, é a tentação do pai de família. A existência gratuita catalisa as contradições do vocabulário burguês, que preza mas não preza a liberdade. Compreende-se assim o misto de desprezo e inveja que Odradek desperta, e portanto a tática difamatória do narrador. E há outro sentido ainda para a gratuidade sedutora de Odradek: o seu lado propriamente pecuniário, ou melhor, antipecuniário. Odradek é feito de resíduos, de materiais desclassificados, sem nome ou preço, eliminados pela circulação social. É a imagem extrema da liberdade em meio à lida do decoro: a perfeição descuidada, mas inteiramente a salvo, pois é feita de restos que ninguém quer: "*Lumpenproletariat*", sem fome e sem medo da polícia. O gesto depreciativo da prosa, apontando os barbantes, gesto que é de classe, é admissão tácita da força e do esforço que estão por detrás dos materiais de mais prestígio — e do risco de perdê-los. O lugar social da vida pacificada, no mapa burguês, é inconfessável; mas é o lixo.*

Porque é a imagem da ausência de tribulações, Odradek atribula o pai de família. A sua violência literária, entretanto, a história a deve a uma frase, espantosa — que é o contexto do conto

---

* Em regime capitalista, basta uma forma de utilidade qualquer para que algo ou alguém sejam candidatos a "membro de pleno direito no mundo das mercadorias" (Karl Marx, *Das Kapital*. Berlim, Dietz, 1958, livro II, p. 436).

inteiro. Odradek, após dizer que não tem casa certa, ri; comenta o narrador: "mas é uma risada como só sem pulmões se produz". A frase é nitidamente diversa das outras. Tem peso maior, porque é escrita com o corpo. Para descrever o riso de Odradek, o pai de família abandona a postura visual, "objetiva", cujo objeto é externo e indiferente por natureza, e procura uma imagem do sentimento interno: o que o separa da alegria de Odradek são os pulmões. A frase não permite a leitura a distância — a que o narrador convida — pois é ininteligível se não consultamos o nosso corpo; o seu terror está na "verificação" a que obriga, verificação que é toda pessoal: tomar conhecimento dela, do riso prodigioso de Odradek, é tomar conhecimento de si em meio à risada ambígua a que o narrador nos conduzira. O sentimento do corpo, limite diante da leveza inorgânica de Odradek, dá nervo renovado à descrição, mesmo retrospectivamente. É o contexto que punge; é a restauração da verdade do diz-que-diz desta prosa.

A graça de Odradek é desumana, e a vida humana é desgraçada. Houve, parece, deslocamento do problema: a ordem burguesa de que se falava não é fato biológico e pode ser superada; mas os pulmões, de que se fala agora, não podem. Torna-se possível a leitura metafísica, segundo a qual Kafka não fala de sociedade alguma em particular, mas da mortalidade em geral, da angústia de ter entranhas. O que dói, a esta escola, não é ser pai de família, mas ser mortal. A mim, a opção entre as duas leituras não parece livre: fosse mortalidade o problema, a eternização da vida chinfrim e de seus compromissos seria a fórmula do paraíso; Deus nos guarde. A suspensão dos compromissos burgueses, por outro lado, figurada em Odradek, sustenta o seu cheiro de felicidade a despeito da permanência da morte. — Uma risada "como só sem pulmões se produz": a infelicidade sedimentou-se no próprio corpo; é a vida presente, tornada corpo irremediável, e não a morte, que separa da vida o pai de família.

Desta perspectiva, explicam-se o paradoxo e a força sinistra das linhas finais. À primeira vista, é como se o narrador invejasse a imortalidade de Odradek. Mas já vimos que ela não lhe faria sentido; e mais, por sua posição na frase, a sobrevida é secundária, pois está qualificada pelo "além de tudo": "mas a idéia de que além de tudo ele me sobreviva, para mim é quase dolorosa". O pai de família não quer ser eterno; quer sobreviver a Odradek, quer, noutras palavras, que Odradek morra antes. Naturalmente é urbano demais para desejar a morte a um ser que não faz mal a ninguém, que é completo à sua maneira; mas a urbanidade não impede que a existência de um tal ser lhe doa. Respeitável por todos os títulos, o pai de família é partidário inconfessado da destruição.

(1966)

O cinema e *Os fuzis*

Assim como nos leva à savana, para ver um leão, o cinema pode nos levar ao Nordeste, para ver retirantes. Nos dois casos, a proximidade é produto, construção técnica. A indústria, que dispõe do mundo, dispõe também de sua imagem, traz a savana e a seca à tela de nossos bairros. Porque garante a distância real, entretanto, a proximidade construída é uma prova de força: oferece a intimidade sem o risco, vejo o leão, que não me vê. E quanto mais próximo e convincente o leão estiver, maior o milagre técnico, e maior o poder de nossa civilização. A situação real, portanto, não é de confronto vivo entre homens e fera. O espectador é membro protegido da civilização industrial, e o leão, que é de luz, esteve na mira da câmara como podia estar na mira de um fuzil. No filme de bichos, ou de "selvagens", esta constelação das forças é clara. Doutro modo, ninguém ficaria no cinema. Por este prisma, a despeito de sua estupidez, resulta destas fitas uma noção justa de nosso poder; o destino dos bichos é de nossa responsabilidade. Noutros casos, entretanto, a evidência tende a se apagar. A proximidade mistifica, estabelece um contínuo psicológico onde não há contínuo real: o sofrimento e a sede do flagelado nordestino, vistos de perto e de certa maneira, são meus também. A simpatia humana, que sinto, barra a minha compreensão, pois cancela a natureza política do problema. Na identidade perde-se a relação, desaparece o nexo entre o Nordeste e a poltrona em que estou. Conduzido pela imagem sinto sede, odeio a injustiça, mas evaporou-se o principal; saio do cinema arrasado, mas não saio responsável, vi sofrimento, mas não sou culpado; não saio como beneficiário, que sou, de uma constelação de forças, de um empreendimento de exploração. Mesmo grandes fitas de intenção cortante, como *Deus e o diabo* e *Vidas secas*, têm falhas neste ponto — causando, me parece, uma ponta de mal-estar. Estética e politicamente a compaixão é uma resposta anacrônica; quem o diz são os próprios elementos de que o cinema se faz: máquina, laboratório e financiamento não se compadecem, transformam. É preciso encontrar sentimentos à altura do cinema, do estágio técnico de que ele é sinal.

O filme de Ruy Guerra, que é uma obra-prima, não procura "compreender" a miséria. Pelo contrário, ele a filma como a uma aberração, e dessa distância tira a sua força. À primeira vista é como se de cena em cena alternassem duas fitas incompatíveis: um documentário da seca e da pobreza, e um filme de enredo. A diferença é nítida. Depois do boi santo, com seus fiéis, depois da fala do cego e da gritaria mística, a entrada dos soldados, motorizados e falantes, é uma ruptura de estilo — que não é defeito, como veremos. No documentário há população local e miséria; no filme de enredo o trabalho é de atores, as figuras são da esfera que não é da fome, há fuzis e caminhões. Na mobilidade facial dos que não passam fome, dos atores, há desejo, medo, tédio, há propósito individual, há a liberdade que não há no rosto opaco dos retirantes. Quando o foco passa de uma a outra esfera, altera-se o próprio alcance da imagem: a faces que têm dentro seguem-se outras que não têm; os brutos são para ser olhados, e humanidade, trama ou psicologia, é só nos rostos móveis que se pode ler. Uns são para ver, e outros para compreender. Há convergência, que resta interpretar, entre esta ruptura formal e o tema do filme. O ator está para o figurante como o citadino e a civilização técnica estão para o flagelado, como a possibilidade está para a miséria pré-traçada, como o enredo está para a inércia. É desta codificação que resulta a eficácia visual d'*Os fuzis*.

O olho do cinema é frio, é uma operação técnica. Se for usado honestamente, produz uma espécie de etnocentrismo da razão, diante do qual, como ao contato da técnica moderna, o que for diverso não se sustém. A eficácia violenta da colonização capitalista, em que razão e prepotência estão combinadas, transforma-se em padrão estético: imigrou para dentro da sensibilidade, que se torna igualmente implacável, para bem e para mal — a menos que afrouxe, banalizada, perdendo o contato com a realidade. "Dissolve-se tudo que é fixo e empedernido, mais o séquito das tradições e concepções vetustas… profana-se o que é santo, e os homens são forçados, finalmente, a ver com vista sóbria as suas posições e relações." Desde o início, n'*Os fuzis*, miséria e civilização técnica estão constelar. A primeira é lerda, cheia de despropósito, um agregado de gente indefesa, desqualificada pela mobilidade espiritual e real — os caminhões — da segunda. Embora a miséria apareça muito e com força, as suas razões não contam; está em relação, e tem sinal negativo. Ao mostrá-la de fora e de frente, o filme se recusa a ver nela mais que anacronismo e inadequação. Essa distância é o contrário da filantropia: aquém da transformação não há humanidade possível; ou, da perspectiva da trama: aquém da transformação não há diferença que importe. A massa dos miseráveis fermenta, mas não explode. O que a câmara mostra nas faces abstrusas, ou melhor, o que as torna abstrusas, é a ausência da explosão, o salto que não foi dado. Não há, portanto, enredo. Apenas o peso da presença, remotamente ameaçador. A estrutura política traduziu-se em estrutura artística.

Já os soldados, por contraste, é como se pudessem tudo. Em padrão citadino são homens quaisquer, de classe baixa. No lugar, entretanto, fardados e ateus, vadiam pelas ruas como se fossem deuses — os homens que vieram de fora e de jipe. Falam de mulheres, dão risadas, não dependem do boi santo, é o que basta para que sejam, efetivamente, uma coisa nova. São grandes cenas, em que a sua empáfia recupera, para a nossa experiência, o privilégio de ser "moderno": ser citadino é ser admirável. O mesmo vale para o comerciante e o chofer de caminhão. Os seus atos importam; estão à altura da história, cujas alavancas locais — armazém, fuzis, transporte — afetam. Nestas figuras importa mesmo o que não passe de intenção; a má vontade dos soldados, por exemplo, faz ver soluções alternativas para o conflito final. Noutras palavras, onde há transformação de destinos conta tudo, e há enredo. — Abriu-se um campo de liberdade, em que nos sentimos em casa. A natureza da imagem se transformou. Há psicologia em cada rosto; há senso de justiça e injustiça, destinos individuais e compreensíveis. Os soldados são como nós. Mais, são os nossos emissários no local, e gostemos ou não, a sua prática é a realização de nossa política. É nela que estamos em jogo, muito mais que no sofrimento e na crendice dos flagelados.

Do ponto de vista romanesco, a solução é magistral. Veta o sentimento anódino, obriga ao raciocínio responsável. Concentrando-se nos soldados, que vieram da capital a chamado, para defender um armazém, a trama força a identificação antipática, o autoconhecimento: entre os famintos e a polícia, a compaixão vai para os primeiros, mas é na segunda que estão os nossos semelhantes. Ao deslocar o centro dramático do retirante para a autoridade, o filme ganha muito, pois torna mais inteligível e articulada a sua matéria. Se da perspectiva da miséria o mundo é uma calamidade homogênea, difusa, em que sol, patrão, polícia e satanás têm parte igual, da perspectiva dos soldados resulta um quadro preciso e transformável: a distância entre os retirantes e a propriedade privada é garantida pelos fuzis, que, entretanto, poderiam franqueá-la. A imagem, como quer Brecht, é de um mundo modificável: em lugar da injustiça frisam-se as suas condições, práticas, o seu fiador. Por força do contexto, os bons sentimentos não se esgotam em simpatia. Onde nos identificamos, desprezamos; de modo que a compaixão passa, necessariamente, pela destruição de nossos emissários, e, neles, de uma ordem de coisas.

Os soldados passeiam pela rua a sua superioridade, mas para o olho citadino, que também é seu, são gente modesta. São, simultaneamente, colunas da propriedade, e meros assalariados, montam guarda como poderiam trabalhar noutra coisa — o chofer de caminhão já foi militar. Mandam, mas são mandados; se olham para baixo são autoridades — se olham para cima são povo também. Resulta um sistema de contradições, que será baliza para o enredo. A lógica deste conflito aparece, pela primeira vez, na cena talvez mais forte do filme: quando um soldado, diante de seus companheiros, explica aos caboclos o funcionamento e a eficácia de um fuzil. O alcance do disparo é X, vara tantos centímetros de pinho, tantos sacos de areia, e fura seis corpos humanos. Até aqui, a informação visa ameaçar. Em seguida, quando especifica pelo nome as peças do fuzil, quer embasbacar. O vocabulário técnico, impessoal e econômico por natureza, é apaixonadamente desfrutado como superioridade pessoal, e talvez mesmo racial: nós somos de outra espécie, a que convém não desobedecer. Contrariamente à sua vocação de universalidade, o saber explora e consolida a diferença. Esta contradição, que em pequeno é um perfil de imperialismo, não vai sem má-fé. Quando insiste na linguagem técnica, inacessível ao caboclo, o soldado desperta animosidade entre os companheiros, que deixam de rir. O esquema dramático é o seguinte: o vocabulário de especialista, prestigioso para uns, é lugar-comum para outros; para enaltecer-se, o soldado precisa da cumplicidade dos camaradas, que em seguida precisam de seu tombo para reaver a liberdade. A insistência, no caso, torna-se estúpida, logo aprisionada numa engrenagem: a ignorância alheia já não prova a própria superioridade, mas é preciso insistir nela, espezinhar o caboclo mais e mais, a fim de reter, por força da condição comum, de opressores, a solidariedade fugitiva dos companheiros irritados.

Uns nos outros, os soldados vêem o mecanismo da opressão de que são agentes. Porque não são soldados só, recusam-se à confirmação recíproca, necessária à raça superior; e porque são soldados também, não vão até o desmascaramento radical. Daí a vacilação na postura, entre o peito inflado e a canalhice. E daí, também, as duas tentações permanentes: a destruição arbitrária dos retirantes, e a desagregação violenta da tropa. Os conflitos ulteriores serão desdobramento deste padrão. Assim o assassinato do caboclo, a briga deflagrada entre os soldados, e a cena de amor, que em sua brutalidade tem muito de estupro.

A série culmina com a violentíssima perseguição e morte do chofer de caminhão. O episódio é o seguinte. Os alimentos devem ser transportados para fora da cidade, para longe dos retirantes, que assistem a tudo sem piscar. Os soldados montam guarda, apavorados com a massa dos famintos, mas exasperados também, pela passividade que estes demonstram. O chofer, que está passando fome e já foi militar, faz o que também para os soldados estava à mão; tenta impedir o transporte dos mantimentos. Caçado pelo destacamento inteiro, é apanhado finalmente pelas costas, e varado por uma carga completa de fuzil. O excesso frenético dos tiros, assim como a sinistra alegria da perseguição, deixam claro o exorcismo: no ex-soldado os soldados fuzilam a sua própria liberdade, a vertigem de virar a bandeira.

Refratada no grupo dos soldados, a questão real, da propriedade, acaba por reduzir-se a um conflito psicológico. O embate das consciências, que tem movimento próprio, se esboça e acirra por várias vezes, e vai ao cabo no tiroteio final. Deflagrou-se uma dialética parcial, moral apenas, de medo, vergonha e fúria, restrita ao campo dos militares, ainda que devida à presença dos retirantes. Trata-se de uma dialética inócua, por sangrenta que seja a luta, pois não empolga a massa faminta, que seria o seu sujeito verdadeiro. É como se, em face do conflito central, o desenvolvimento dramático estivesse fora de centro.* Em termos técnicos, o clímax é falso, pois não resolve a fita, que por sua vez não caminha em direção dele: embora o tiroteio seja a culminação de um conflito, não governa a seqüência dos episódios, em que se alternam, sempre separados, o mundo do enredo e o mundo da inércia. À primeira vista, esta construção descentrada é defeito: de que serve a sua crise, se é versão deslocada e distorcida do antagonismo principal? Se a crise é moral e o antagonismo é político, de que serve a sua aproximação? Serve, n'*Os fuzis*, para marcar a *descontinuidade*. Noutras palavras, serve à crítica do moralismo, pois acentua tanto a responsabilidade moral quanto a sua insuficiência. O nexo importante, no caso, está na ausência de um nexo direto.

Mesmo nas cenas finais, quando há paralelismo entre o campo dos soldados e o campo dos famintos, o hiato entre os dois é cuidadosamente preservado. A devoração do boi santo não decorre da morte do chofer. É um eco seu, como que uma respos-

---

* Meu argumento e vocabulário são tomados, aqui, a um estudo de Althusser, "Notes sur un théâtre matérialiste", em que se descreve e discute uma estrutura desta espécie, "assimétrica e descentrada". Cf. *Pour Marx* (Maspero, 1965).

ta degradada. A perseguição e o tiroteio, embora tenham substrato político, não transmitem consciência aos retirantes, nem organização; mas transmitem excitação e movimento, uma vaga impaciência. O profeta barbudo ameaça o seu boi-jesus: "Se não chover logo, você vai deixar de ser santo, e vai deixar de ser boi". Ato contínuo, o sacro comestível, que fora preservado, é transformado, como diria Joyce, em Christeak. Os retirantes, inertes até agora, neste minuto final são como piranhas. — O grupo dos retirantes é explosivo, e a posição moral dos soldados é insustentável. A crise moral, entretanto, não alimenta os famintos, nem pode ser curada pelo que estes fizerem. A relação entre as duas violências não é de continuidade ou proporção, mas não é também de indiferença; é aleatória e altamente inflamável, como sente o espectador. No filme de enredo, que é de nosso mundo, presenciamos a opressão e o seu custo moral; o *close-up* é da má-fé. No filme da miséria, pressentimos a conflagração e a sua afinidade com a lucidez. O *close-up* é abstruso, e não fosse assim seria terrível. No "defeito" desta construção, cujos elementos não se misturam, está fixada uma fatalidade histórica: o nosso Ocidente civilizado entrevê com medo, e horror de si mesmo, o eventual acesso dos esbulhados à razão.

(1966)

Sobre o raciocínio político de Oliveiros S. Ferreira

Os trabalhos políticos de Oliveiros S. Ferreira* confundem o leitor. Valem-se com freqüência da lição de Lênin, Trótski, Gramsci e Rosa Luxemburgo; entretanto são publicados com destaque n'*O Estado de S.Paulo*, que não é um jornal de esquerda. Filiam-se ostensivamente à tradição marxista — um dos subtítulos é "Que fazer?" — mas concentram a sua esperança nas Forças Armadas, rebatizadas de "proletários do sistema". Batem-se pela independência dos povos, e também pela expansão imperialista do Brasil. São conspiratórios, mas destinam-se ao grande público. Baseiam-se num esquema de luta de classes, e propõem a união nacional.

Vivemos, segundo Oliveiros, a fase da guerra subversiva. O Partido Comunista, quinta-coluna estrita da União Soviética, procura o poder; apóia-se nos mitos do internacionalismo e do Estado proletário, erradamente associados ao seu nome. No Brasil,

---

* Reunidos, agora, em dois livros: *As Forças Armadas e o desafio da revolução* (Rio de Janeiro, Edições GRD, 1964) e *O fim do poder civil* (São Paulo, Convívio, 1966).

a sua tarefa é facilitada ainda pela vigência do "sistema" — associação do "privilégio" com as cúpulas sindicais corrompidas — que por medo ao fascismo ("visão dantesca de uma nova Espanha") entregara o país ao "dispositivo antinacional" (PC). Também aqui trata-se da utilização, modificada, de um esquema do marxismo: o fascismo não seria uma forma da luta capitalista contra o comunismo, antes seria o inimigo principal; e o comunismo é a solução de emergência da burguesia, que combate o fascismo a qualquer preço.

O raciocínio de Oliveiros supõe duas teorias, difíceis de combinar, uma do "sistema" e outra da Guerra Fria. A primeira está centrada na crítica ao *imposto sindical*. Este imposto, pago por todo operário, seja ou não sindicalizado, é a peça mestra do sistema: dispensa o sindicato de procurar a participação dos trabalhadores, ao mesmo tempo que o coloca na dependência do Estado. A cúpula sindical passa a lidar com arrecadações do governo, é logo corrompida, e fica mais ligada a este que às suas bases próprias. Por outro lado, Agricultura, Indústria, Comércio e Finança, membros natos do "privilégio", perdem o seu adversário natural e salutar, o operariado: corrompida, a liderança operária se associa ao privilégio e passa a defender os seus interesses. Esta associação entre privilégio e cúpula sindical configura o "sistema", e, principalmente, a sua *inércia*, pois abafa o motor da racionalização econômica e social, que estaria no livre choque dos interesses patronais e operários. Através do imposto o Estado interfere neste conflito, e ao conduzi-lo vicia o processo econômico; daí a baixa produtividade do trabalho no Brasil. O argumento, até aqui, é liberal: a resultante dos conflitos no mercado seria a mais racional das soluções possíveis. Mas há mais. O imposto sindical não impede apenas a "racionalização". Eliminar a ingerência do Estado seria "devolver aos sindicatos a sua autenticidade, e à classe operária sua qualidade de Sujeito da História, retirando-a da condi-

ção de mero Objeto a que foi reduzida pela legislação sindical do Estado Novo, inalterada até hoje apesar da redemocratização".*
O elogio do liberalismo é elogio, também, da luta de classes, mascarada e desvirtuada pelo "sistema".

Se a classe operária foi reduzida a "Objeto", podendo voltar a ser "Sujeito", é que ela pode existir numa ou noutra forma, ativa ou passiva, sabendo ou não de si. Novamente Oliveiros está na tradição marxista, em que a classe existe em si — é uma posição no processo produtivo — e pode existir para si, pela consciência que tenha de suas condições. A diferença, no caso, está no caráter a-histórico da dialética de Oliveiros: o imposto sindical transformou em objeto a classe operária; cancelado o imposto, ela voltaria a ser sujeito. Em lugar de uma forma determinada de organização operária, modificada por determinada medida política, de que resultaria uma nova e determinada organização, temos uma dialética circular, de restituição da integridade perdida, perfeitamente vazia de conteúdo histórico; o sujeito, que fora reduzido a objeto, volta a ser sujeito. Houve, claramente, substituição de um movimento histórico, determinado, pelo movimento genérico do sujeito. Dito de outro modo, os termos são movimentados segundo uma regra simples, superposta a eles, que não corresponde ao problema que eles mesmos propõem. Porque não trata de organização, mas de autenticidade, o argumento é moral e não político. E, de fato, não transmite conhecimento, apenas o impulso reparador. A própria retórica, finalmente, é marcada pelo círculo restaurativo, em que o passivo se ativa e o perdido se recupera. — Quanto a conhecimentos, além de quase vazio, o esquema engana: se o imposto desvirtua, é como se antes dele houvesse virtude, de modo que o seu cancelamento "*devolveria*" à classe operária "sua qualidade de Sujeito da História"; entretanto, não

---

* *As Forças Armadas e o desafio da revolução*, p. 16.

parece que antes de 1930 — começo da intervenção do Estado nas questões sindicais — houvesse no Brasil operariado em condições de ser sujeito da história. A dialética não é histórica, mas de conceitos mais ou menos arbitrariamente isolados.

Em suma, a crítica do imposto sindical, fundada na doutrina liberal, serve ao diagnóstico de nosso capitalismo, de baixa produtividade, e de nosso movimento operário, que não tem autenticidade. A sua posição no raciocínio de Oliveiros é ambígua: se fala o *crítico* do "sistema", o liberalismo aparece como um ideal a ser atingido; já para o *ativista*, é uma forma ultrapassada pelas regras da administração moderna. E misturados os dois, produzem-se arroubos elegíaco-realistas, como aquele em que o revolucionário barateia e pede "uma sociedade em que se procure *ao menos* criar as condições para que a busca da Liberdade continue possível" (grifo meu). Neste quadro, o Oliveiros crítico está irremediavelmente dessintonizado; quando prevalece, perde-se o senso da história, e o dito imposto aparece como um defeito *local* a ser suprimido. Ora, em nosso tempo vários países desenvolveram várias formas de controlar o movimento operário, iniciando o que parece uma fase nova do capitalismo. Se o imposto for, como é plausível, uma destas formas, pedir ao governo que o suprima será como pedir conselho ao crocodilo — o pedido foi feito, em carta aberta de Oliveiros ao presidente Castelo Branco, em 1964. Neste e noutros pontos semelhantes, Oliveiros progride para trás, exigindo que se avance até o liberalismo. Por detrás do imbróglio, entretanto, há uma dificuldade real: saber o que significam as etapas do capitalismo clássico para um país subdesenvolvido.

Quando trata da Guerra Fria e portanto das condições de uma revolução nacional, Oliveiros vale-se de outro esquema, o seu esquema para o ativismo. (A bem da clareza, exponho separadamente a teoria do imposto sindical, cuja força é crítica, e a teoria da Guerra Fria e revolução, que dá diretrizes práticas. No texto andam juntas.) O seu ponto de partida está na semelhança, a diferença não importa, entre os Estados Unidos e a União Soviética. *A Guerra Fria é o confronto entre duas potências nacionais, e não entre dois modos de produção.* Ou, de outra perspectiva, a luta de classes não tem contrapartida no plano internacional. Em conseqüência, os PCs não são socialmente subversivos, e sim quinta-colunas; são o "dispositivo antinacional", ligado à classe operária por conveniência apenas tática. O *fato* do oportunismo soviético, documentado nas reviravoltas a que se submeteram os PCs, é bastante para cancelar um modo de produção. (Do ponto de vista lógico, seria o mesmo cancelar a estrutura da produção norte-americana a partir da Aliança para o Progresso.) Em lugar de reter, para estudá-la, a contradição entre economia e política, Oliveiros descarta a primeira. Resulta uma cena internacional inteiramente atomizada, em que o oportunismo — inegável — é o princípio último das combinações. E a própria noção de luta de classes, implícita nos argumentos do crítico do "sistema", é afetada, e passa a uma posição secundária, como veremos. Se a política internacional é governada por noções simples, da ordem de rapina e tutela, uma política de emancipação nacional deverá ser regida pelas noções correspondentes, da ordem, digamos, de força militar e autonomia — noções indiferentes à estrutura da sociedade, e banais: mandam, mais ou menos, que a pátria seja forte. Por que não é decomposto por sua vez, o átomo "Nação" transforma-se em termo final do raciocínio e em finalidade natural da prática. Na falta de definição econômico-social, a revolução torna-se vaga quanto ao conteúdo — é nacionalista em primeiro lugar — e arbitrária quanto a seus meios. Estudamos em seguida alguns exemplos desta evolução.

> Ora, se assim é, se a História a todos ensinou que os partidos comunistas nacionais são meramente expressão local de uma potên-

cia estrangeira "chauvinista", servindo a seus interesses de grande potência e não à causa do verdadeiro internacionalismo, segue-se que a Revolução só se poderá dar como processo nacional e que, pelo fato mesmo de sê-lo, ela afasta o PC de seu núcleo dirigente e, inclusive, veda-lhe a possibilidade de lutar pelo processo revolucionário.*

Veda como? Quem veda? É como se houvesse um árbitro decidindo quem pode e quem não pode jogar. Trata-se, no caso, das Forças Armadas, destinatárias do livro, que estão no poder antes da revolução de Oliveiros, e depois também estariam lá. Porque são patriotas de profissão, organizadas em escala nacional, segundo princípios que não são de classe (!), empenhadas na industrialização, pois "o natural do chefe militar é sempre ver seus homens bem equipados", as Forças Armadas seriam o corpo social em que se conjugam o interesse revolucionário genuíno e a força de transformá-lo em realidade — seriam a "classe universal" do marxismo, em que interesse particular e geral coincidem. Em conseqüência, a revolução não será uma reviravolta de estrutura, mas uma reforma interna das Forças Armadas, e a tarefa do ideólogo seria de persuadir da boa causa os desde já poderosos. Deriva daí, possivelmente, o traço oficial e edificante da subversão de Oliveiros — "Pátria Grande", "Trabalho", "Destinos Nacionais", "Chamamento à Pátria", "Revolução da Ordem" etc. — que é familiar a quem lembre dos autores da primeira infância. Funda-se um clube unanimista, de intenção gloriosa, de que são membros o Revolucionário, a professora d. Nicota, Olavo Bilac, as Forças Armadas, os oradores oficiais de Agricultura, Indústria, Comércio, Finança, e, espera-se em Deus, a classe operária. O crítico literário, juiz também, diria que Oliveiros não transcende o "sistema" que

---

* *As Forças Armadas e o desafio da revolução*, p. 18.

crítica. Mais precisamente, move-se no interior do sistema balofo e eficiente das abstrações aceitas, cuja finalidade, justamente, é de "forjar" a unanimidade dos corações, estremecidos aquém de qualquer crítica da economia política; é o que almejam também as cartilhas do primário, donde o parentesco no estilo. O mesmo impulso integrador, em versão sinistra, clássica para o fascismo, encontra-se no trecho seguinte:

> A luta [das Forças Armadas] contra o Partido Comunista só será *sentido*, só poderá ganhar as grandes massas desiludidas com a democracia, se ferir fundo o Privilégio — e em nossa atual fase histórica ele não se confunde com um determinado sistema de apropriação dos bens de produção [capitalismo], mas com uma desigual distribuição das oportunidades de apropriação das possibilidades de mando econômico, prestígio social e poder político.*

Estão presentes os ingredientes todos: o inimigo principal, o comunismo; as massas desiludidas com a democracia liberal, que se devem arregimentar com medidas anticapitalistas — preferivelmente nas áreas mais visíveis da circulação, na Alemanha os judeus do comércio —, embora no essencial se mantenha e defenda o capitalismo; o exército, dirigindo o espetáculo pelos dois lados, tanto encarnando o espírito nacional e coletivista, que está para além dos interesses do capital, como defendendo contra a massa arregimentada as relações capitalistas de produção, que estão na base do lucro; e finalmente, a definição pequeno-burguesa do "privilégio", governada pelo ressentimento e pelo moralismo. Em todos os planos visa-se a integração dos contraditórios: do coletivismo com a propriedade privada, do capitalismo com o espírito público, da massa mobilizada com a mais-valia.

---

* *As Forças Armadas e o desafio da revolução*, p. 64.

Porque é patriota, anticomunista, de arregimentação nacional no interior do capitalismo e centrada nas Forças Armadas, a conspiração de Oliveiros pode ser pública, e publicada por um jornal conservador. Nesse contexto, é natural que alguns conceitos, de extração marxista, que haviam servido implicitamente à crítica do "sistema", apareçam revistos. "Direita e Esquerda não se definem no plano do regime de produção — *são termos que denotam antes de tudo uma posição social diante do problema da Liberdade.*"* Noutras palavras, definir-se diante do regime de produção não é definir-se diante da liberdade. Em miúdos, do ponto de vista da liberdade, seria indiferente se o operário é assalariado de um patrão, do Estado, ou se participa ele próprio da gestão do aparelho produtivo. Novamente, o *fato* — provavelmente a falta de liberdades civis em países de economia planificada — cancelou um problema. Entretanto, se há mais liberdade civil nos países capitalistas avançados que nos socialistas, isto não quer dizer que economia e política não se ligam, mas que as suas relações podem ser muito contraditórias e precisam ser estudadas. Se entretanto o "problema da liberdade", se a política não estiver em jogo ao nível das relações de produção, também as relações de produção (de propriedade) não precisam estar em jogo no caso de revolução. E assim como o par direita-esquerda foi despojado de qualquer conteúdo específico, também à revolução não resta o que revolucionar. O seu programa econômico, para "quando o sistema for deitado abaixo e instalar-se no país a Nova República", parece anedota de anticlímax: "Porque só uma reforma fiscal associada a uma política planificada de crédito — depois de removidas as causas da inflação — fornecerá os meios de uma ação visando o duplo objetivo da justiça e da produtividade".**

---

* *As Forças Armadas e o desafio da revolução*, p. 16.
** *As Forças Armadas e o desafio da revolução*, p. 107.

Por chocho que seja este programa, ele será posto em prática somente pelo grupo civil-militar dos "revolucionários", que conduziria o Brasil a seus destinos históricos. A mistura característica para o fascismo, de sopa e violência, de ridículo e calamidade, torna difícil uma análise justa. Toda crítica parece excessiva e insuficiente ao mesmo tempo. — Se não se orienta pelas relações de produção, a "Revolução" possivelmente desemboque numa reforma fiscal; mas pode dar, também, no mais desenfreado voluntarismo, pois desaparece a instância do controle, teórico ou prático. Em Oliveiros não faltam exemplos: "Não é o fascismo de velho estilo que temos pela frente (no governo Castelo Branco). Sequer (!) o nazismo — o nazismo, pelo menos teve imaginação política e soube criar, ao lado da monstruosidade dos fornos crematórios e dos campos de concentração, um ideal diabólico que mobilizou uma nação inteira para o desastre".* Por trás da pinta segura, de "*connaisseur*", e prestigiada por ela, a chispa desembestada é inconfundível. O trecho tira a sua autoridade das comparações doutas entre regimes, mas o seu fascínio lhe vem do "ideal diabólico", sob medida para hipnotizar o pequeno-burguês, que seria arrancado à sua mediocridade ressentida e teria, finalmente — e não por culpa sua, pois quem resiste ao diabo? —, um destino: Pátria! Movimento! Etc.! A frase deve fazer parte de uma fantasia mais ou menos assim: vamos reconhecer o que é verdade, o Hitler sabia mobilizar; juntando isso com a força organizadora do Trótski e a força produtiva dos Estados Unidos, que paixão não dava! A forma desta abstração, que separa imaginação política e mobilização nacional de seus conteúdos específicos, é a mesma que permitiu separar revolução e relações de produção.

* *O fim do poder civil*, p. 8.

O bruxo cozinha a sua poção de abstrações, arrancadas com método ao repolho do marxismo: os sentimentos ligados à sociedade sem classes, sim; expropriação dos meios de produção e outras medidas práticas, não. A esperança desta doutrina não está em sua lógica, mas na falta de lógica de seus leitores, que pode bem não ser pequena. De modo que a crítica, no caso, não refuta nada. Esperamos que a bomba faça pfff; Oliveiros, naturalmente, espera que ela faça *putsch*.

(1967)

Nota sobre vanguarda e conformismo

Sabe-se que progresso técnico e conteúdo social reacionário podem andar juntos. Esta combinação, que é uma das marcas do nosso tempo, em economia, ciência e arte, torna ambígua a noção de progresso. Também a noção próxima, de vanguarda, presta-se à confusão. O vanguardista está na ponta de qual corrida?

Júlio Medaglia, entrevistando quatro compositores, "os mais informados e atualizados", produziu uma página de extraordinária densidade ideológica e sintomática.* A entrevista gira em torno da industrialização e dos *mass media*. "Onde ficou a arte em face dessa nova realidade? Quais suas características e sua função? Que fim levou o Gênio sofrido e cabeludo, incompreendido pelos mortais e por eles mesmos imortalizado?" A pergunta e muito mais as respostas têm um tom novo, que marca uma posição também nova, assinalada num deslocamento de noções: o elogio do

---

* "Música não-música antimúsica", entrevista de Júlio Medaglia com os compositores Damiano Cozzella, Rogério Duprat, Willy Correa de Oliveira e Gilberto Mendes, *in Suplemento Literário* de *O Estado de S.Paulo*, 24/4/1967. Como a linha das respostas me pareceu uma só, não distingui entre os quatro.

profissional e o desprezo pelo amador, repetidos na entrevista, não estão no sentido corrente. Prova disso é a remoção do gênio incompreendido para o campo dos diletantes. Se no alinhamento habitual, esquematicamente, amador é quem não rompe com a segurança burguesa — compromisso cujo preço é a inconsistência e a incompetência —, no alinhamento novo, como veremos, é o contrário; competência e sucesso são uma coisa só. É como se finalmente estivesse anulada a distância entre a vanguarda e o popular, entre cultura "séria" e de consumo.

Diante dos *mass media*, "o que parece fundamental é que é o 'artístico' que está pifado". Esta observação é avançada, pois registra o que outros não percebem, o impasse entre a potência social crescente da comunicação — fruto de um esforço industrial e portanto coletivo — e o uso privado e idiossincrático, "artístico", que faz dela a arte burguesa.* E é avançada ainda noutro sentido, mais importante para a entrevista, claro na frase seguinte:

---

* A questão está tratada no ensaio de Walter Benjamin "A obra de arte ao tempo de sua reprodução técnica". Neste ensaio verdadeiramente extraordinário tiram-se conclusões, para a estética, da tese de Marx, segundo a qual o desenvolvimento das forças produtivas, desencadeado pelo capitalismo, entra em conflito com as relações de produção e consumo vigentes, basicamente com a propriedade privada dos meios de produção. Benjamin observa que a reprodução técnica, tendencialmente, abole a noção de autenticidade, e com ela a autoridade do objeto único, na qual entretanto persistia uma função originária, de natureza ritual, que fornecia o substrato, o prestígio da arte até aqui: "A reprodutibilidade técnica da obra de arte a emancipa, pela primeira vez na história, de seu parasitismo em face do ritual. A obra de arte reproduzida torna-se em medida crescente a reprodução de uma obra construída com vistas à possibilidade de reprodução. A chapa fotográfica, por exemplo, permite uma quantidade de cópias; a questão da cópia autêntica não tem sentido. No momento entretanto em que o critério da autenticidade perde a força em face da produção artística, a função da arte se terá transformado por inteiro. A sua fundação no ritual é substituída por outra prática: a sua fundação na política" (Schriften I, pp. 374-5). O objeto autêntico ocupa um lugar correspondente ao da propriedade privada; são marcos "naturais" e portanto míticos, os limites do que Marx chamava a pré-história do homem.

"produção e consumo (artísticos) são fases de um mesmo processo, comércio de significados (como tomates, feijão, televisores, sabão em pó, mobília etc.)". No argumento anterior, a natureza coletiva dos *mass media*, tanto da perspectiva da produção como do consumo, desqualificava a sua utilização individualista. No segundo, também ligado ao crescimento das forças produtivas da sociedade, a direção é contrária; por sua força difusora, os *mass media* estabelecem um mercado em escala nova, no qual o "artístico" é um produto obsoleto, porque não corresponde mais ao interesse particular, isto é, de venda. — Desde o início da era burguesa, a produção artística sempre foi, ao menos virtualmente, produção também de mercadoria, sem que entanto os dois momentos fossem idênticos.* Havia rendas, mecenato, resquícios feudais — a proteção aristocrática, a sinecura — atenuando a lei do mercado, aliás diminuto e parcialmente de conhecedores. Já no contexto do mercado anônimo, produzido pelos veículos de massa, a situação é outra. O aspecto-mercadoria passa para o primeiro plano, e tende a governar o momento da produção. Isto por várias razões: para o público novo, sem tradição e critério específico, "consumo de 'arte' é consumo de status", pouco importa a intenção do artista; instalado o comércio de significados em grande escala, a própria linguagem cotidiana — o material do artista — se reconstela de forma tal que é como se espontaneamente aspirasse à publicidade, à forma da mercadoria (é difícil dizer, por exemplo, se o *Jornal da Tarde* imita os nossos prosadores mais vivos, ou se é o contrário); a nova difusão é tamanha que outro esquema de circulação, que não o comercial, parece risível; e finalmente, há os bons honorários.

---

* Cf. Theodor W. Adorno. "Idéias para a sociologia da música", traduzido em *Revisão* 2, São Paulo, Grêmio FFCL-USP, 1965. De modo geral, aliás, os argumentos que apresento estão na obra de Adorno.

Compositor, pra nós, é um designer sonoro, capaz de trabalhar de encomenda, é compositor profissional. Não há mais lugar para o artesão que "compõe" uma "sinfonia", uma "suíte", um "concerto para piano", umas "variações" por ano, experimentando nas teclas de um piano segundo a inspiração de sua musa, para depois conseguir, às custas de mil humilhações e cavações, que algum genial maestro ou solista "execute" a sua "obra": isto é amadorismo.

O artesão, nesta frase, compõe primeiro e se humilha depois, para vender; o seu produto é mercadoria, sem que o processo produtivo se tenha regulado por esta noção. Compositor adiantado, pelo contrário, seria quem compõe muito, regularmente e com mercado certo; concebe a produção já na forma da mercadoria, incorpora a ela as exigências da circulação, e não se humilha portanto, pois não há tensão entre os dois momentos. A ironia do trecho volta-se não contra a lei do mercado, mas contra o artista, este mau comerciante, produtor irregular e escasso, esse diletante; defende o mercado contra um tipo anacrônico de produção. Em conseqüência, é cancelada a diferença entre a produção artística e a produção geral de mercadorias, e o compositor de vanguarda estará, espera-se, "consumindo e produzindo como qualquer outro setor profissional". A ponta extrema da vanguarda paga tributo ao filistinismo e alcança, qual uma vitória, a integração capitalista.

Resumindo, os *mass media* são parte de uma constelação em que o elemento "artístico", na sua acepção tradicional, está minado, seja porque sustenta posições e linguagem do individualismo burguês, desmentidas no interior do próprio capitalismo, pela socialização parcial da produção, seja porque não vende. As duas respostas estão na ponta de desenvolvimentos históricos reais, e seriam pois de vanguarda. São, entretanto, de natureza e conseqüências muito diversas. Da primeira derivam-se impulsos políticos, libertar do nexo particularista, isto é, capitalista, as forças produtivas. Da segunda, resultam impulsos técnicos, modernizar o produto para aumentar-lhe a saída. Num caso, a crise é da forma mercadoria — enquanto princípio básico da sociedade —, no outro, da mercadoria obsoleta; os inimigos respectivos são capitalismo e artesanato. Noutras palavras, se a crise do sujeito artístico reflete a crise da propriedade privada e a presença virtual do socialismo, *capitalismo e indústria não são idênticos e inseparáveis*, como não são idênticas a produção artística e a de mercadorias; se entanto é reflexo apenas de resquícios artesanais, a realização plena do capitalismo será o horizonte do raciocínio e da produção, e a instância final para a vanguarda será o mercado. "Mas daqui para diante, há um critério sólido com que se operar: consumo é venda e o que não é vendável está perdido. Ponto."

As conseqüências chocam, mas não perturbam o curso diário das coisas — o que talvez as defina. Antecipam o que já prevalecia, donde seu ar de coisa vista e inédita a um tempo. O modelo é o *hard sell* dos norte-americanos, que "põe em atuação competitiva todas as faixas de onda permissíveis numa dada área. Emissoras comerciais têm a captar ouvintes, não dão a menor pelota pra considerações de *Haute Culture*; esta é a sua cultura, o mercado em larga quantidade". A melodia é democrática, é como se quisessem liquidar a cultura de classe, colocar a comunicação a serviço da massa. Mas a frase é falsa, pois insiste na captação do ouvinte e omite a do capital, sem lembrar que a própria rádio é capital também. Com base nesta omissão, é possível a versão idílica de nossa fase do capitalismo, já sem classes, dos *mass media* como auto-expressão do coletivo: "Participação da massa [...] é a unificação dos dois estágios do processo: você acaba não sabendo quando acaba a produção e começa o consumo; é tudo uma coisa só — produzir consumindo, consumir produzindo". *É tudo uma coisa só* lembra *O Brasil é uma grande família*. E a reciprocidade da fórmula final — produzir consumindo e consumir produzindo — escamoteia a mediação do capital, que consiste precisamente em separar produção e consumo. O suporte prático desta ilusão está nos rádios e nos aparelhos de televisão da classe operária, que entretanto não garantem a ela o controle dos meios de produção. Não faz mal, pois mais que este valem os costumes: "o hábito de ler símbolos de classe logo se supera. O público se modifica muito rapidamente e a TV vai dar outra direção às coisas". Há tendência, parece, de conceber revolução e revolução cultural como processos eletrônicos.

> Parta do consumo, claro. Qualquer ponto onde música possa ser consumida, em mil níveis. E faça sinfonias, jingles, trilhas sonoras, arranjos, sambas e iê-iê-iê, concertos para piano. Qualquer tipo de mensagem, já porque, nas condições atuais, você nem ninguém sabe qual é a mais importante, nem é para saber. Não são todas úteis?

Se a sociedade é de classes, partir do consumo — "dividido em cinco faixas [...] por capacidade de aquisição" — é aceitá-las e consolidá-las através de sua materialização no produto. E também a coexistência alegre e *planejada* dos "mil níveis" não é igualitária como parece, pois mais que a variedade das experiências ela sanciona a produção e reprodução de gradações de cultura, obviamente ligadas ao privilégio social. Inicialmente, a produção multiforme é apresentada como experimentalismo e justificada pela falência da tradição, já que hoje ninguém sabe o que importa mais, nem é para saber (?). Em seguida, entretanto, outro argumento: "Mas atenção aos desígnios do cliente, que tem sempre razão!". Ao critério interno, da exigência musical, substitui-se outro externo, *que não é do ouvinte mas do anunciante*, e portanto de uma classe social. O artista faz a ligação entre capital e consumo.

> Você sabe que a nossa firma, estabelecida em São Paulo à rua Gomes de Carvalho, 103, está aparelhada para satisfazer quaisquer pedidos musicais. Consultas sem compromisso. Rapidez, pontualidade e preços módicos. Sigilo, onde reclamado. Fone 61-3714.

"Com os dados fornecidos pelo 'marketing', produz-se para uma faixa determinada de consumo. Com a liquidação do artesanato, ou a coisa é assim ou é suicida." O argumento, aqui, ao contrário de outras passagens, é de fato e não de direito — dubiedade que determina a entrevista em seu todo. A mistura de veneração e desprezo pelo consumo, que é da natureza desta posição, como do neocapitalismo, reaparece de mil maneiras. Por exemplo, quando Chacrinha, "o Chacrinha da TV, não tenhamos dúvida", é citado como representante da vanguarda. É claro que há blague na frase. Mas depois, casa bem com a teoria ("Ignore a qualidade") e o programa do grupo, de modo que talvez não seja blague? "Significados se evidenciam ao nível do consumo, e basta." Porque vende bem, Chacrinha foi declarado vanguardista, e porque vende bem é declarado folclore, juntamente com Altemar Dutra, Roberto Carlos etc. "O folclore que eu estou vivendo [...] é grandão, industrializado." O que vende bem é de primeira linha, e é também, pela mesma razão, produto espontâneo do povo. O capitalismo seria pois, literalmente, o melhor dos mundos: obtém a coincidência do mais avançado e do espontaneamento popular. Por outro lado, numa frase como a seguinte, a cara de vilão é proposital: "Divertir! A obra de arte requer sempre do consumidor uma atitude ativa. O divertimento, pelo contrário, penetra no consumidor". — Pela coerência franca e virulenta de seus resultados, o cinismo apologético não é fácil de distinguir da crítica materialista. Entre os dois há uma zona furta-cor, dileta do brilho e do humorismo do intelectual burguês de esquerda, que nela encontra o correspondente preciso de sua própria posição intermediária. Vendeu-se, está criticando, ou vendeu-se criticando? É deste suspense que a entrevista de Julio Medaglia deriva o seu topete e frisson, inegáveis.

(1967)

Didatismo e literatura
(*Um folheto de Bertha Dunkel*)*

NOTA, 1977

A introdução que segue foi redigida em 1968. O intuito era antidogmático. O conflito entre as letras engajadas e as formalistas me parecia uma estreiteza desnecessária, de parte a parte (já que eu quereria estar nos dois campos). A fim de dialeticizar o antagonismo, procurei sugerir que ambos os lados poderiam encontrar no outro o que lhes faltava.

Dado que o propósito era este, de lançar uma ponte, a releitura que fiz agora, para preparar este livrinho, me deixou abismado. Como explicar tamanho bitolamento? A intenção era cordata, mas o quadro conceitual não era.

A começar pela utilização escolástica da terminologia marxista. Como é óbvio mas eu e outros esquecíamos, esta tem racionalidade só quando referida ao processo real. A (com maiúscula) ciência marxista, A consciência empírica dos trabalhadores,

---

* O folheto é de B. D., tradução e comentário são meus.

O partido (e, no mesmo estilo, A linguagem de vanguarda e A linguagem popular), sem confronto com as realidades que designam, tornam-se elementos de um pequeno sistema "teórico", perfeitamente alheado da história efetiva, mas muito animador, pela lógica interna e pela teleologia otimista.

As vantagens ideológicas deste sistema não são obscuras, como o leitor verá. De um lado, os detentores da competência científica e literária, a que no entanto falta a força material; de outro, as massas, que têm a força, mas são confusas. A união dos dois restabeleceria a unidade perdida. Ciência e arte estão prontas e acabadas, e cabe ao povo mudar — o que fará graças ao intelectual progressista, que enquanto teórico tem a caução da miséria popular, e enquanto dirigente se apóia na autoridade da ciência que falta a seus dirigidos.

A ênfase na cientificidade "em geral", bem como o tratamento abstrato de questões que só em sua forma histórica se discutem com proveito, são influência de Althusser. Já o vanguardismo esquemático e incisivo da argumentação é um exemplo entre milhares da escolástica que se multiplica em torno dos escritos de Lênin.

De uma perspectiva dialética um descaminho publicado é melhor que nada.

Os anos 20, na Alemanha, deram frutos de um radicalismo admirável, ligado à iminência da Revolução. Casais não casavam, pois antes dela não valia a pena, e depois não seria mais necessário; não tinham filhos, pois seria melhor nascer já na era socialista, na era da razão. Entre um passaporte de dois anos e um de cinco, o de cinco parecia um despropósito, pois logo se aboliriam as fronteiras. Tudo seria revolucionado e racionalizado: coisas, costumes, formas e o modo de produção. A Bauhaus, por exemplo, estudava e renovava desde colheres e xícaras até cadeiras, privadas e locomotivas. "Contra a mediocridade utilitária do lucro, o utilitarismo vibrante das necessidades reais, coletivas, muitas por descobrir!" A mesma combinação de pesquisa e construtivismo encontra-se em Klee: "A arte não reproduz o visível; ela torna visível". *A orientação prática dava (e dá) valor poético à razão.* No interior do experimentalismo, utilidade e beleza não colidiam, mas se complementavam e multiplicavam. Mesmo uma obra de teoria como *História e consciência de classe* (1923) é poética em seu *élan* transformador. O melhor exemplo é a prosa de Brecht, que é estranha e tem poesia justo porque é vigorosa e desabusadamente lógica. — É neste contexto — guardadas as proporções — que deve ser visto o didatismo de Bertha Dunkel, de quem traduzimos um folheto. O texto é de 1922 e ao que parece destinava-se a um curso de iniciação política. A fim de preservar o tom de cartilha do original, substituí as batatas alemãs (dos exemplos) pelo feijão nacional, e o arado pela enxada.

Antes de entrar para o PC em 1921 B. Dunkel era dona de uma certa reputação de poeta, verdade que escandalosa. Ainda colegial, mas já no após-guerra, havia participado de um concurso para estreantes, ao qual mandara um poema descritivo, na linha dos *Dinggedichte* rilkianos, sobre "Os testículos de Edgar". Seu poema foi recusado, "pela natureza filistina do assunto". Não obstante, foi muito elogiado pelo temido crítico vienense Karl Kraus, para quem estes seus versos eram "tanto mais fantásticos quanto são realistas". Ao que parece, a sintaxe do poema era de efeito ambíguo, pois tinha rigor de filigrama mas também de epitáfio: embora desse ao seu objeto o esplendor da nitidez, não o tratava com benevolência, e tinha um traço entre ascético e assassino. Após um período indeciso, B. D. aproximou-se dos comunistas, abandonando o que o futuro stalinista ferrenho J. Prickless chamava "suas fixações pequeno-burguesas". Desde então parece ter se dedicado inteiramente à elaboração de textos didáticos e de propaganda, nos quais conservou, entretanto, a sua antiga tendência à formalização da frase, agora a serviço de uma causa melhor.

O caso particular pode ser esdrúxulo. No entanto esta combinação que observamos, de formalismo literário e intenção didático-política, é mais razoável do que parece. Indica apenas que a melhor fala — a mais racional — não se origina por necessidade nas mesmas áreas, sociais e temáticas, em que progride o trabalho político. Com certeza, esse descompasso é um problema central do bom didatismo. No caso, aliás, da teoria da revolução é notório um hiato parecido: a teoria marxista não foi criada pelos operários — como ciência, ela é continuadora e adversária da mais elaborada economia política burguesa, inacessível ao cidadão despreparado —, embora sejam eles o seu destino. Esta distância, entre o marxismo e os homens que precisam dele, pode orientar o nosso argumento. Ela mesma é socialmente produzida, um produto de "especialização": dum lado estão os que estudam (entre eles Marx), e do outro os que trabalham. Para anular de forma produtiva este desnível, é necessário articular os seus dois termos sem atenuar a distância que os separa: pois ao movimento operário não pode interessar uma teoria "acessível", mas pior do que a melhor, nem lhe pode interessar uma teoria que lhe seja incompreensível. A solução clássica do impasse está na prática partidária, que retém e liga, na sua diferença, a consciência real do operário e as proposições marxistas, e quer fundi-las por força da atividade e do esclarecimento, mas não ao preço da confusão teórica. — A situação da prosa didática, de intenção política, é semelhante. A melhor prosa e a prosa operária não são a mesma, assim como o melhor argumento não é o mais fácil. Por outro lado, a melhor prosa, se é inacessível ao operário, não é a melhor prosa, pois é inevitável que tenha, mesmo que não queira e combata ideologicamente, o prestígio do que é para poucos, o gesto da superioridade social; e o melhor argumento, se não serve a quem precisa dele, não é o melhor argumento, pois vem marcado de impotência prática e falta de especificação. Portanto, se é difícil escrever e argumentar bem e de modo geralmente compreensível, a razão não é subjetiva. A dificuldade tem fundamento objetivo, ela é índice da desigualdade real e do caráter classista da cultura.

Assim, a prosa didático-política procura unir, através de um processo literário, o que o processo real separa: a excelência de língua e argumento ao nível intelectual do operário. Ora, vimos que não basta a boa vontade do escritor para aproximar o que o sistema social distancia. De uma perspectiva estática, de fato, a conseqüência seria uma só, expressa na conotação pejorativa da palavra *vulgarização*: só o rebaixamento cancela a distância (constante) entre a melhor prosa e o nível do trabalhador. Haveria multiplicação de prejuízos, pois a estreiteza que o sistema impôs ao operário seria também regra para o escritor de boa vontade, que passaria a divulgá-la como a voz da revolução. Entretanto, o processo capitalista é complexo. Se é verdade que normas de adequação, nitidez e coerência contrariam os *hábitos* da classe trabalhadora, também é certo que sempre serviram, e poderiam servir muito mais, aos reais *interesses* dela. Noutras palavras, o processo capitalista determina dois lugares para a classe operária, um atual e um virtual, mais ou menos ligados, conforme o nível da consciência e a luta de classes. E embora separe realmente a classe trabalhadora do saber, faz que virtualmente este só tenha sentido pleno — integralmente praticável — para ela, que de posse dele e de organização transformaria a ordem social. Por sua vez, esta força que o saber teria, se transmitido, torna *deficientes, objetivamente*, as suas formas intransmissíveis de acumulação. *Portanto, nem o nível dos trabalhadores nem o que seja prosa excelen-*

te estão fixados previamente. O nível dos trabalhadores é transformável, e sua transformação afeta os critérios da boa escrita. Um desenho de George Grosz mostra um tipo miserável contemplando uma espinha de peixe: embaixo, um verso famoso de Rilke — "a pobreza é um brilho entranhado" —, verso que naturalmente não pensara na pobreza operária, compulsória, mas, na sedução que o despojamento material pode ter, por contraste, no interior da existência burguesa. O verso é de 1903, e não resistiu à experiência da guerra e da década de 20, época do desenho. A iminência da subversão fez um rombo na cultura da classe dominante, alterou o sentido das palavras e mudou as regras da escrita.

A prosa de iniciação política (assim como este ensaio, aliás) deriva de uma ciência a qual não questiona. Até aqui, não passa de escrita dogmática: está para a ciência como o simplificado para o complexo, o particularizado para o geral, o intuitivo para o conceito. No entanto, a relação lógica, em sua universalidade, não dá conta do que se passa; o didatismo é um fato *literário-político.* A *lógica* do folheto não está para a da teoria como a *linguagem* dele está para a linguagem dela. No primeiro caso, a relação é de insuficiência; no segundo, há uma transformação, que interessa ver. O conteúdo da transformação indica um processo, peculiar a uma classe social. O seu campo é a distância entre o marxismo e a consciência operária, entre uma teoria científica e uma salada de superstições, preconceitos, ideologia pequeno-burguesa e *experiências cruciais*, cruciais também para o destino da teoria. O que o didatismo quer não é a cristalização genérica do nexo entre o conceito marxista e a intuição, mas é sim cristalizar o nexo entre o conceito marxista e a consciência viva (ou intuição) *da classe operária*; melhor, procura nesta, para consolidá-los e soldá-los à teoria, os impulsos práticos dos quais a verdade e, literalmente, a verificação do marxismo dependem. O didatismo não aprofunda a teoria marxista, porém, pesquisa e procura objetivar, com fito político, as atitudes, as reações, os sentimentos, os raciocínios e a fala que lhe corresponderiam. Portanto, a finalidade desta tarefa literário-política é o deslocamento e a reorganização, segundo linhas científico-práticas, do que seja intuitivo, natural para a classe operária. Ora, se "as idéias da classe dominante são as idéias dominantes" para o conjunto da sociedade,* a substância deste deslocamento é a luta de classes, ao nível das representações comuns, em parte sedimentadas na linguagem.** *Os resultados desta luta são novos*, ideológica e literariamente. É este o aspecto criador do didatismo: apoiado nos poucos pontos "fortes", em que a fala e o interesse imediato do operário desqualificam a ideologia dominante e dão suporte à teoria, procura reorientar com nitidez e coerência — a nitidez e coerência da melhor literatura — o viés geral da língua e do raciocínio, de modo que não encubram, mas revelem a natureza dos conflitos sociais. *A diferença, que de início é um resultado literário, transforma-se em ponto de partida, fixando na linguagem um nível mais alto para a consciência de classe "espontânea"*. Noutras palavras, neste gênero didático, a estética é puramente política, e chega sem querer onde a literatura, ou parte dela, há muito quer chegar.

Se a descrição do processo capitalista suscita e auxilia a organização operária, o nível operário deixou de ser o mesmo, e deixou de ser o mesmo pela força transformadora do didatismo. Ora, esta relação prática altera também a linguagem, que sem prejuízo de ser expositiva ganha uma dimensão que habitualmente não tem. Embora movimente elementos já dados — a teoria marxista e a consciência real dos proletários, a linguagem literária e a popular —, a prosa didática terá alcançado uma liga original, em

---

* *Ideologia alemã*, capítulo sobre a produção da consciência.
** Em 1935, Brecht recomendava aos escritores antifascistas que escrevessem *população* em lugar de *povo*, *latifúndio* em lugar de *terras*, *temeroso* em lugar de *disciplinado*; são palavras que têm a vantagem de salientar a natureza conflituosa dos processos, contra a mística da unidade nacional, necessária à direita.

que objetividade e intervenção, intenção expositiva e intenção prática se compõem segundo regras novas, com efeitos também novos, que mal ou bem esboçamos. Assim, se é bem-sucedido, o didatismo político não é uma forma degradada de ciência ou prosa. Tem seu campo, problemas literários próprios e um fundamento real, que lhe dá o critério. A sua eventual justeza tem como suporte um processo de que ele próprio é parte ativa: o contato entre a teoria e a classe operária produz ou pode produzir organização, atitudes, raciocínios, falas e conhecimentos novos, que ora contestam a linguagem comum, ora confirmam e privilegiam aspectos dela — aqueles em que espontaneamente se registra o antagonismo social. Se a prosa didática antecipa, representa, purifica e adianta este processo — a luta de classes no interior da linguagem e das representações autorizadas —, ela é e simboliza o progresso detalhado da consciência operária, a união polêmica do que o sistema social havia separado: classe trabalhadora e raciocínio. Daí o efeito poético de escritos duros e terra-a-terra como os de Lênin, Mao e Brecht. Pela mesma razão, quando a busca da simplicidade não encontra na linguagem e no emaranhado ideológico o veio da luta espontânea, a prosa didática — enquanto literatura — registra apenas o impulso paternalista, manipulativo, professoral ou o que seja que leva a classe superior a ocupar-se das inferiores.

Embora não esteja a salvo destas quedas, ou por isso mesmo, o folheto de B. Dunkel suscita problemas literários de interesse geral, razão pela qual o traduzimos e publicamos.

A EXPLORAÇÃO CAPITALISTA

Todo operário sabe que é explorado. O que talvez não saiba é que esta exploração é da natureza do sistema capitalista, e que só a eliminação do sistema capitalista eliminará a exploração. O estudo da exploração capitalista, chamada *mais-valia*, prova cientificamente que o capitalismo é um regime injusto para o operário, *seja quem for o patrão*. Por isto o operário consciente não luta apenas contra o seu patrão, mas luta contra o sistema. E a luta contra o sistema é forte só quando é coletiva e organizada. O estudo da *mais-valia* prova cientificamente que a finalidade da organização operária deve ser a expropriação dos capitalistas e a criação de um regime operário e justo.

O operário vê e sabe que o seu trabalho enriquece o patrão, enquanto ele mesmo recebe um salário apenas suficiente para sobreviver. Isto quer dizer que o fruto do trabalho não beneficia quem trabalhou, mas beneficia o patrão, o capitalista, que se apropria dele. Pois bem, a apropriação do fruto do trabalho alheio é o que chamamos de *exploração*.

Entretanto, não é fácil compreender esta exploração. O operário não poderia evitá-la? Por que permite que o capitalista lhe tome a parte maior do fruto de seu trabalho? Para responder, é preciso estudar alguns elementos do capitalismo, principalmente a *mercadoria* e a *força de trabalho*. Só depois se entenderá a *mais-valia*, que é a chave da exploração capitalista do trabalho.

Mercadoria — Quando alguém produz um objeto para seu uso próprio ou para dar a um amigo, esse objeto é sem dúvida um produto, *mas não é uma mercadoria*. Porém, se for obrigado a trocar o objeto por dinheiro ou por outro produto qualquer, esse mesmo objeto *passa a ser mercadoria*. Mercadoria, portanto, é tudo o que se produz para a *troca* e não para o consumo *de quem produziu*. Assim, a mercadoria destina-se ao *uso* de uma *outra pessoa*, que por sua vez oferece outra mercadoria, ou dinheiro, em troca daquela de que necessita para seu uso próprio.

Pode-se dizer, portanto, que toda mercadoria tem duas funções, uma de *uso* e uma de *troca*, às quais chamamos *valor de uso* e *valor de troca*.

Assim, por exemplo, o feijão tem valor de uso, pois serve na alimentação. O valor de uso do sapato está na proteção que dá aos pés. A enxada tem valor de uso, pois revolve a terra; e assim por diante. De um modo geral, é valor de uso tudo o que satisfaz alguma necessidade humana. O valor de uso sempre existiu, pois o homem sempre produziu para satisfazer as suas necessidades.

O valor de troca, pelo contrário, nem sempre existiu. A princípio os homens consumiam o que produziam, de modo que pouco sobrava para trocar. Portanto, para que houvesse troca em quantidade, seria preciso que a produção, ao menos em certos ramos, fosse bem maior do que o consumo. De fato, a produção cresceu, tornando possível a troca em larga escala, e com ela a *divisão social do trabalho*: alguns grupos se dedicavam mais a um produto, deixando de produzir outro, que outro grupo produzia em quantidade maior. Assim, quem cuida do campo deixa de produzir as suas enxadas, agora produzidas pelo artesão, que por sua vez deixa de plantar e colher. Um e outro satisfazem as suas respectivas necessidades por meio da troca. Aos poucos, desta forma, boa parte dos produtos humanos transformou-se em mercadoria.

Se entanto o artesão troca a sua enxada pelo alimento do lavrador, surge um problema: quantos sacos, digamos de feijão, deverá pedir? E o lavrador, quantos sacos de feijão deverá oferecer? Noutras palavras, como saber o valor de troca de uma mercadoria?

Para responder a esta pergunta, é preciso descobrir o que existe de comum em todas as mercadorias, que permita comparar-lhes o valor. O que existe tanto no feijão como na enxada como em qualquer outra mercadoria? A comparação material não explica nada: o feijão é vegetal e a enxada é de ferro, *mas qual dos dois vale mais?* Também o valor de uso não basta para explicar o valor de troca: o feijão serve para comer e a enxada para revolver a terra, ambas as coisas são necessárias, cada uma a seu tempo, mas quanto valem?

O que há de comum no feijão e na enxada, o que há de comum em todas as mercadorias, é que são fruto do trabalho humano, isto é, todas elas — mesmo as laranjas colhidas no mato — dependem de um tanto de trabalho do homem. O alimento comido pelo artesão depende do trabalho do lavrador, e a enxada do lavrador depende do trabalho do artesão. Assim, tanto na enxada como no feijão entrou uma certa quantidade de trabalho, de trabalho humano, *que pode ser medida em tempo*. E é este trabalho — denominador comum de todas as mercadorias — que permite compará-las e trocá-las em determinadas proporções. *O valor da mercadoria é determinado pelo tempo de trabalho necessário à sua produção.* Entretanto, isto não quer dizer que o produto de um trabalhador lento valha mais do que o produto de um trabalhador mais rápido. Trata-se aqui de um trabalho *médio*, chamado *socialmente necessário*. Resulta que o valor da mercadoria é determinado pelo tempo socialmente necessário para a sua produção. Como veremos, é assim também que se determina o valor da *força de trabalho*, a mercadoria mais importante do sistema capitalista.

Força de trabalho — A força de trabalho nem sempre foi uma mercadoria. Para exemplo, vejamos o artesão: trata-se de um produtor *independente*, que vende o seu produto, digamos uma enxada, *e não vende a sua força de trabalho*, a qual portanto não é mercadoria. Isto é possível porque o artesão é dono tanto de seu trabalho *como de seus meios de produção*, quer dizer, é dono de seus instrumentos e da matéria-prima que vai usar; em conseqüência é dono, também, de seu produto, da enxada que o seu trabalho produziu. A expansão capitalista, entretanto, liquidou a maior parte dos artesãos, que não puderam concorrer com as fábricas sempre crescentes. Endividavam-se e perdiam os seus meios de produção, até que nada lhes restasse para vender. *Nada?* Não é certo. Endividavam-se até que nada lhes restasse para vender, *a não ser a sua força de trabalho*. Sua força de trabalho, no caso, é a sua força física mais a sua inteligência, ou, noutras palavras, o seu músculo mais o seu cérebro. Ora, sem os meios de produção a força de trabalho não tem préstimo. O melhor tecelão não tece nada se não tiver tear e fio. Separada de seus meios de produção, a classe trabalhadora passou a depender, para o seu trabalho, da classe dos capitalistas, isto é, da classe dos proprietários dos meios de produção. O trabalhador foi forçado a procurar o capitalista, para vender-lhe a sua força de trabalho, *em troca de um salário*. Assim, o *artesão* transformou-se em assalariado, passando a vender a sua força de trabalho, por dia, por semana ou por mês. Foi o que fizeram os artesãos arruinados, e também os camponeses, que o capitalismo expulsava e expulsa de suas terras. Surgia deste modo a grande massa proletarizada e pobre das cidades, cuja *única mercadoria* são os seus músculos e o seu cérebro. Surgia deste modo a força de trabalho de nosso tempo, a qual produz, mas não consome, a gigantesca riqueza do capitalismo industrial.

Valor da força de trabalho — No sistema capitalista, portanto, a força de trabalho é uma mercadoria. Como se determina o seu valor? Vimos que o valor de uma mercadoria é determinado pelo tempo de trabalho socialmente necessário à sua produção. Quanto tempo de trabalho será necessário à produção da força de trabalho? A resposta não pode ser direta, pois a força de trabalho não é produzida diretamente, na fábrica. Ela não existe fora do corpo vivo do trabalhador. Quanto tempo de trabalho é necessário, então, para produzir o músculo e o cérebro do trabalhador? A resposta é fácil, se consideramos o conjunto da classe operária. Para que se produza a sua força de trabalho é necessário que ela esteja e continue viva, isto é, que se alimente, durma, se agasalhe e se reproduza. Sem isto, não poderia voltar diariamente aos latifúndios e às fábricas do capital, para lá vender a sua força de trabalho. Ora, enquanto cresce, estuda e trabalha, o homem consome uma certa quantidade de mercadorias, que pode ser medida em tempo de trabalho. *Medindo este valor, estaremos medindo, indiretamente, o valor da força de trabalho.*

Casa, comida, roupa e educação, entretanto, podem ser boas e podem ser ruins. Em regime capitalista, porque a oferta de mão-de-obra tende a ser maior do que a procura, o trabalhador é forçado a bastar-se com o mínimo vital, para não perder o emprego. De modo que sua casa, comida, roupa e educação serão ruins. *Portanto, o valor da força de trabalho é igual ao valor dos meios de subsistência, principalmente gêneros de primeira necessidade, indispensáveis à reprodução da classe operária.* Este valor é pago no salário, que deve dar para o estrito: a sobrevivência e o mínimo de educação necessário ao futuro trabalhador. É este o círculo vicioso do capitalismo, em que o assalariado vende a sua força de trabalho para sobreviver, e o capitalista lhe compra a força de trabalho para enriquecer. A razão deste círculo vicioso está na *mais-valia*, que passamos a estudar.

A mais-valia — Vimos que o valor de troca da força de trabalho é igual ao valor dos meios de subsistência indispensáveis à reprodução da classe operária. Suponhamos que a produção desses meios de subsistência, necessários ao trabalhador médio, leve em média 4 horas de trabalho. Suponhamos também que o preço de 4 horas de trabalho seja $4,00. Neste caso, a força de trabalho *vale* 4 horas de trabalho, e seu preço — seu salário — é $4,00. Trabalhando 4 horas por dia o trabalhador produz os seus meios de subsistência, ou um produto de valor igual ao de seus meios de subsistência. Este produto pode ser chamado *necessário*, pois é necessário à renovação física do trabalhador. Pela mesma razão, estas 4 horas podem ser chamadas de *trabalho necessário*.

Entretanto, o operário é obrigado a trabalhar muito mais do que as 4 horas necessárias. Trabalha 8, 10, 12 horas por dia. Noutras palavras, produz muito mais do que o *produto necessário*, produz muito mais do que consome, *produz um excedente*. Este excedente para onde vai?

Vejamos o que acontece quando o trabalhador vende a sua força de trabalho ao capitalista. A força de trabalho, como qualquer outra mercadoria, tem um valor de uso e um valor de troca. Em nosso exemplo, o valor de troca é de $4,00, equivalentes às 4 horas de trabalho necessário. Qual será o seu valor de uso? Quando paga estes $4,00 — o salário do trabalhador — o capitalista adquire o direito de consumir, de utilizar a sua força de trabalho *por um dia*. É este o seu valor de uso. Portanto, o capitalista consome a força de trabalho fazendo que ela trabalhe e produza durante um dia normal, digamos de 8 horas. ATENÇÃO: *o capitalista pagou 4 horas de trabalho, mas recebeu 8*. As 4 horas que não foram pagas, as horas de *trabalho excedente, são a mais-valia do capitalista*. Essa troca desigual, repetida milhares de vezes com milhares de operários ao longo dos anos, é a mola e essência deste sistema de exploração.

É necessário entender bem que esta troca, por mais legal e contratada que pareça, é uma violência diariamente cometida contra a classe operária. Como pôde o trabalhador aceitá-la? Vamos repetir o argumento. O trabalhador não tem o que vender, além da sua força de trabalho, e precisa vendê-la, para sobreviver. Portanto, *é forçado pela fome*, ou mesmo pela repressão organizada, a concordar com o salário que os patrões propõem. Entretanto, no espaço de um dia, de uma semana ou de um mês de trabalho, o trabalhador produz muito mais do que o seu salário. Esta diferença, chamada mais-valia, é embolsada pela classe capitalista, e é a substância de toda a sua riqueza. Assim como um boi produz mais do que come, e enriquece o seu dono, a classe trabalhadora produz mais do que consome, e enriquece os proprietários dos meios de produção. Deste modo, *os trabalhadores são os bois do sistema capitalista*: consomem apenas uma parte do que produzem, a parte necessária para que continuem vivos e trabalhando; a outra parte, a mais-valia, é apropriada pela burguesia, *que vive às custas da classe trabalhadora*.

Mas um homem não é um boi, e para conservá-lo na condição de boi é necessária a violência. De fato, a função principal da repressão nos países capitalistas é de garantir, pela força, a propriedade privada dos meios de produção, isto é, a exploração capitalista do trabalho. Em troca deste serviço, as forças repressivas — que não vivem de brisa — recebem uma parte da mais-valia produzida pelo operariado. Noutras palavras, a classe trabalhadora — hoje — sustenta as forças da repressão, que a oprimem, e a classe capitalista, que a explora. Para recapitular: a força de trabalho é uma mercadoria cujo valor de troca — pago no salário — é menor do que o valor criado no seu uso — o produto de um dia, de uma semana ou de um mês de trabalho. A força de trabalho, portanto, é uma mercadoria desvantajosa para o seu vendedor — o operário — e vantajosa para o seu comprador — o capitalista. Portanto, enquanto a força de trabalho for mercadoria, haverá exploração capitalista. Por outro lado, vimos que a força de trabalho é mercadoria porque a classe trabalhadora está separada de seus meios de produção. Em conseqüência, deixará de ser mercadoria quando a classe trabalhadora tomar a si os meios de produção, expropriando a classe dos exploradores. Este é o programa da revolução.

(1968)

Cultura e política, 1964-1969
Alguns esquemas

NOTA, 1978

As páginas que seguem foram escritas entre 1969 e 1970. No principal, como o leitor facilmente notará, o seu prognóstico estava errado, o que não as recomenda. Do resto, acredito — até segunda ordem — que alguma coisa se aproveita. A tentação de reescrever as passagens que a realidade e os anos desmentiram naturalmente existe. Mas para que substituir os equívocos daquela época pelas opiniões de hoje, que podem não estar menos equivocadas? Elas por elas, o equívoco dos contemporâneos é sempre mais vivo. Sobretudo porque a análise social no caso tinha menos intenção de ciência que de reter e explicar uma experiência feita, entre pessoal e de geração, do momento histórico. Era antes a tentativa de assumir literariamente, na medida de minhas forças, a *atualidade* de então. Assim, quando se diz "agora", são observações, erros e alternativas daqueles anos que têm a palavra. O leitor verá que o tempo passou e não passou.

* * *

Em 1964 instalou-se no Brasil o regime militar, a fim de garantir o capital e o continente contra o socialismo. O governo populista de Goulart, apesar da vasta mobilização esquerdizante a que procedera, temia a luta de classes e recuou diante da possível guerra civil. Em conseqüência, a vitória da direita pôde tomar a costumeira forma de acerto entre generais. O povo, na ocasião, mobilizado mas sem armas e organização própria, assistiu passivamente à troca de governos. Em seguida sofreu as conseqüências: intervenção e terror nos sindicatos, terror na zona rural, rebaixamento geral de salários, expurgo especialmente nos escalões baixos das Forças Armadas, inquérito militar na Universidade, invasão de igrejas, dissolução das organizações estudantis, censura, suspensão de *habeas corpus* etc. Entretanto, para surpresa de todos, a presença cultural da esquerda não foi liquidada naquela data, e mais, de lá para cá não parou de crescer. A sua produção é de qualidade notável nalguns campos, e é dominante. *Apesar da ditadura da direita, há relativa hegemonia cultural da esquerda no país.* Pode ser vista nas livrarias de São Paulo e Rio, cheias de marxismo, nas estréias teatrais, incrivelmente festivas e febris, às vezes ameaçadas de invasão policial, na movimentação estudantil ou nas proclamações do clero avançado. Em suma, nos santuários da cultura burguesa a esquerda dá o tom. Esta anomalia — que agora periclita, quando a ditadura decretou penas pesadíssimas para a propaganda do socialismo — é o traço mais visível do panorama cultural brasileiro entre 1964 e 1969. Assinala, além de luta, um compromisso.

Antes de apresentá-la em seus resultados, é preciso localizar esta hegemonia e qualificá-la. O seu domínio, salvo engano, concentra-se nos grupos diretamente ligados à produção ideológica, tais como estudantes, artistas, jornalistas, parte dos sociólogos e economistas, a parte raciocinante do clero, arquitetos etc. — mas daí não sai, nem pode sair, por razões policiais. Os intelectuais são de esquerda, e as matérias que preparam, de um lado, para as comissões do governo ou do grande capital e, de outro, para as rádios, televisões e os jornais do país não são. É de esquerda somente a matéria que o grupo — numeroso a ponto de formar um bom mercado — produz para consumo próprio. Essa situação cristalizou-se em 1964, quando *grosso modo* a intelectualidade socialista, já pronta para prisão, desemprego e exílio, foi poupada. Torturados e longamente presos foram somente aqueles que haviam organizado o contato com operários, camponeses, marinheiros e soldados. Cortadas naquela ocasião as pontes entre o movimento cultural e as massas, o governo Castello Branco não impediu a circulação teórica ou artística do ideário esquerdista, que embora em área restrita floresceu extraordinariamente. Com altos e baixos essa solução de habilidade durou até 1968, quando nova massa havia surgido, capaz de dar força material à ideologia: os estudantes, organizados em semiclandestinidade. Durante esses anos, enquanto lamentava abundantemente o seu confinamento e a sua impotência, a intelectualidade de esquerda foi estudando, ensinando, editando, filmando, falando etc., e sem perceber contribuíra para a criação, no interior da pequena burguesia, de uma geração maciçamente anticapitalista. A importância social e a disposição de luta dessa faixa radical da população revelam-se agora, entre outras formas, na prática dos grupos que deram início à propaganda armada da revolução. O regime respondeu, em dezembro de 1968, com o endurecimento. Se em 1964 fora possível à direita "preservar" a produção cultural, pois bastara liquidar o seu contato com a massa operária e camponesa, em 1968, quando o estudante e o público dos melhores filmes, do melhor teatro, da melhor música e dos melhores livros já constituem massa politicamente perigosa, será necessário trocar ou censurar os professores, os encenadores, os escritores, os músicos, os livros, os editores — noutras palavras, será necessário liquidar a própria cultura viva do momento. O governo já deu vários passos neste sentido, e não se sabe quantos mais dará. Em matéria de destroçar universidades, o seu acervo já é considerável: Brasília, São Paulo e Rio, as três maiores do país.

Para compreender o conteúdo, a implantação e as ambigüidades dessa hegemonia, é preciso voltar às origens. Antes de 1964, o socialismo que se difundia no Brasil era forte em antiimperialismo e fraco na propaganda e organização da luta de classes. A razão esteve, em parte ao menos, na estratégia do Partido Comunista, que pregava aliança com a burguesia nacional. Formou-se em conseqüência uma espécie desdentada e parlamentar de marxismo patriótico, um complexo ideológico ao mesmo tempo combativo e de conciliação de classes, facilmente combinável com o populismo nacionalista então dominante, cuja ideologia original, o trabalhismo, ia cedendo terreno. O aspecto conciliatório prevalecia na esfera do movimento operário, onde o PC fazia valer a sua influência sindical, a fim de manter a luta dentro dos limites da reivindicação econômica. E o aspecto combativo era reservado à luta contra o capital estrangeiro, à política externa e à reforma agrária. O conjunto estava sob medida para a burguesia populista, que precisava da terminologia social para intimidar a direita latifundiária, e precisava do nacionalismo, autenticado pela esquerda, para infundir bons sentimentos nos trabalhadores. Não se pense, é claro, que o populismo seja criação do PC; o populismo é que consolidara neste uma tendência, cujo sucesso prático muito grande tornava o partido, como veremos adiante, invulnerável à esquerda. Ora, uma vez consumada essa aliança tornou-se difícil a separação dos bens. Hoje tudo isso parece claro. Não obstante, esse complexo deteve a primazia teórica no país, seja em face das teorias psicossociológicas do "caráter nacional", já anacrônicas então, seja em face do nacionalismo simples da modernização, inocente de contradições, seja em face dos simulacros cristãos do marxismo, que traduziam imperialismo e capital em termos de autonomia e heteronomia da pessoa humana, e seja finalmente diante dos marxismos rivais, que batiam incansavelmente na tecla do leninismo clássico, e de hábito se bastavam com a recusa abstrata do compromisso populista. O ponto forte da posição comunista, que chegou a penetrar as massas, aprofundando nelas o sentido político do patriotismo, estava na demonstração de que a dominação imperialista e a reação interna estão ligadas, que não se muda uma sem mudar a outra. Aliada ao momento político, a repercussão dessa tese foi muito grande. A literatura antiimperialista foi traduzida em grande escala e os jornais fervilhavam de comentários. Foi a época de Brasilino, uma personagem que ao longo de um livrinho inteiro não conseguia mover um dedo sem topar no imperialismo. Se acendia a luz, pela manhã, a força era da Light & Power. Indo ao trabalho, consumia gasolina da Esso, num ônibus da General Motors. As salsichas do almoço vinham da Swift & Armour etc. Os *Cadernos do Povo*, por sua vez, vendidos por um cruzeiro, divulgavam amplamente as manobras em torno do petróleo, relações entre latifúndio e doença endêmica, questões de reforma agrária, discutiam quem era "povo" no Brasil etc. O país vibrava e as opções diante da história mundial eram pão diário para o leitor dos principais jornais. Nesse período aclimatizou-se na fala cotidiana, que se desprovincianizava, o vocabulário e também o raciocínio político da esquerda. Daí uma certa abstração e velocidade específica do novo cinema e teatro, em que as opções mundiais aparecem de dez em dez linhas e a propósito de tudo, às vezes de maneira desastrada, às vezes muito engraçadas, mas sempre erguendo as questões à sua conseqüência histórica, ou a uma caricatura dela. Quando numa peça teatral um namorado diz à namorada, insuficientemente marxista diante das complicações familiares: "generaliza, pô!" — são estes anos de *Aufklaerung* [esclarecimento] popular que têm a palavra.* Mas voltemos. Se o PC teve o grande mérito de difundir a ligação entre imperialismo e reação interna, a sua maneira de especificá-la foi seu ponto fraco, a razão do desastre futuro de 1964. Muito mais antiimperialista que anticapitalista, o PC distinguia no interior das classes dominantes um setor agrário, retrógrado e pró-americano, e um setor industrial, nacional e progressista, ao qual se aliava contra o primeiro. Ora, esta oposição existia, mas sem a profundidade que lhe atribuíam, e nunca pesaria mais do que a oposição entre as classes proprietárias, em bloco, e o perigo do comunismo. O PC entretanto transformou em vasto movimento ideológico e teórico as suas alianças, e acreditou nelas, enquanto a burguesia não acreditava nele. Em conseqüência, chegou despreparado à beira da guerra civil.** *Este engano esteve no centro da vida cultural brasileira de 1950 para cá*, e tinha a tenacidade de seu sucesso prático. Esta a dificuldade. A crítica de esquerda não conseguia desfazê-lo, pois todos os dias anteriores ao último davam-lhe razão. Como previsto, Goulart apoiava-se mais e mais no PC, cuja influên-

---

* *Animália*, de Gianfrancesco Guarnieri.
** À esquerda, foi a corrente de Brizola, não-marxista e de pouca teoria, composta de nacionalistas radicais, que tentou se preparar para o golpe militar iminente. Em conseqüência, os brizolistas buscaram cristalizar a luta de classes no interior das Forças Armadas (houve rebelião de sargentos e marinheiros) e organizaram civis nos famosos Grupos de Onze. Controlavam também uma grande estação de rádio. Brizola — deputado federal, antigo governador do Rio Grande do Sul, líder da mobilização popular que em 1961 garantiu, contra os militares, a sucessão legal a Goulart (seu cunhado), um político tradicional portanto — teve a clareza e iniciativa que faltaram ao grosso do campo marxista, o qual pelo contrário errava fragorosamente e entrava em crise. Esta superioridade prática do nacionalismo radical sobre o marxismo estabelecido não está estudada. Infelizmente não tenho elementos para descrevê-la melhor.

cia e euforia eram crescentes. Só o que não houve meios de prevenir, na prática, já que as precauções neste terreno perturbariam a disposição "favorável" do presidente, foi o final militar. Estava na lógica das coisas que o PC chegasse à soleira da revolução confiando no dispositivo militar da Presidência da República. Em suma, tratava-se de um engano bem fundado nas aparências. Seus termos e seu movimento foram a matéria-prima da crítica e da apologética do período. Sumariamente, era o seguinte: o aliado principal do imperialismo, e portanto o inimigo principal da esquerda, seriam os aspectos *arcaicos* da sociedade brasileira, basicamente o latifúndio, contra o qual deveria erguer-se o povo, composto por todos aqueles interessados no *progresso* do país. Resultou, no plano econômico-político, uma problemática explosiva mas burguesa de *modernização* e *democratização*; mais precisamente, tratava-se da ampliação do mercado interno através da reforma agrária, nos quadros de uma política externa independente. No plano ideológico, resultava uma noção de "povo" apologética e sentimentalizável, que abraçava indistintamente as massas trabalhadoras, o lumpenzinato, a *intelligentzia*, os magnatas nacionais e o exército. O símbolo desta salada está nas grandes festas de então, registradas por Glauber Rocha em *Terra em transe*, onde fraternizavam as mulheres do grande capital, o samba, o grande capital ele mesmo, a diplomacia dos países socialistas, os militares progressistas, católicos e padres de esquerda, intelectuais do Partido, poetas torrenciais, patriotas em geral, uns em traje de rigor, outros em *blue jeans*. Noutras palavras, posta de lado a luta de classes e a expropriação do capital, restava do marxismo uma tintura rósea que aproveitava ao interesse de setores (burguesia industrial? burocracia estatal?) das classes dominantes. E de fato, nesta forma, foi parte em grau maior ou menor do arsenal ideológico de Vargas, Kubitschek, Quadros e Goulart. Assim, no Brasil, a deformação populista do marxismo esteve entrelaçada com o poder (particularmente durante o governo Goulart, quando chegou a ser ideologia confessa de figuras importantes na administração), multiplicando os qüiproquós e implantando-se profundamente, a ponto de tornar-se a própria atmosfera ideológica do país. De maneira vária, sociologia, teologia, historiografia, cinema, teatro, música popular, arquitetura etc., refletiram os seus problemas. Aliás, esta implantação teve também o seu aspecto comercial — importante, do ponto de vista da ulterior sobrevivência —, pois a produção de esquerda veio a ser um grande negócio, e alterou a fisionomia editorial e artística do Brasil em poucos anos. Entretanto, se nesta fase a ideologia socialista servia à resolução de problemas do capitalismo, a cada impasse invertia-se a direção da corrente. Agitavam-se as massas, a fim de pressionar a faixa latifundiária do Congresso, que assustada aprovaria medidas de modernização burguesa, em particular a reforma agrária. Mas o Congresso não correspondia; e a direita por sua vez, contrariamente à esquerda populista, que era moderadíssima, promovia ruidosamente o fantasma da socialização. Consolidava-se então, aqui e ali, por causa mesmo da amplitude das campanhas populares oficiais, e por causa de seu fracasso, a convicção de que as reformas necessárias ao país não seriam possíveis nos limites do capitalismo e portanto do populismo. Esta conclusão, embora esparsa, tinha o mesmo vasto raio da propaganda governamental. Foi adotada por quadros de governo, quadros técnicos, estudantes e vanguardas operárias, que em seguida, diante do golpe militar de 1964, não puseram em dúvida o marxismo, mas a aplicação que o PC fizera dele. Este esquema explica aliás alguma coisa do caráter e do lugar social de parte do marxismo brasileiro. Num país dependente mas desenvolvimentista, de capitalização fraca e governo empreendedor, toda iniciativa mais ousada se faz em contato com o Estado. Esta mediação dá perspectiva nacional (e paternalista) à vanguarda dos vários setores da iniciativa, cujos teóricos iriam encontrar os seus impasses fundamentais já na esfera do Estado, sob forma de limite imposto a ele pela pressão imperialista e em seguida pelo marco do capitalismo. Isto vale para o conjunto da atividade cultural (incluindo o ensino) que precise de meios, vale para a administração pública, para setores de ponta na administração privada, e especificando-se um pouco valeu mesmo para isolados capitalistas nacionais e para oficiais do exército. Em conseqüência, a tônica de sua crítica será o nacionalismo antiimperialista, anticapitalista num segundo momento, sem que a isto corresponda um contato natural com os problemas da massa. Um marxismo especializado na inviabilidade do capitalismo, e não nos caminhos da revolução. Ora, como os intelectuais não detêm os seus meios de produção, essa teoria não se transpôs para a sua atividade profissional, embora faça autoridade e oriente a sua consciência crítica. Resultaram pequenas multidões de profissionais imprescindíveis e insatisfeitos, ligados profissionalmente ao capital ou governo, mas sensíveis politicamente ao horizonte da revolução — e isto por razões técnicas, de dificuldade no crescimento das forças produtivas, razões cuja tradução política não é imediata, ou por outra, é aleatória e depende de ser captada. Em suma, formara-se uma nova liga nacionalista de tudo que é jovem, ativo e moderno — excluídos agora magnatas e generais — que seria o público dos primeiros anos da ditadura e o solo em que deitaria fruto a crítica aos compromissos da fase anterior. Era tão viva a presença desta corrente que não faltou quem reclamasse — apesar dos tanques da ditadura rolando periodicamente pelas ruas — contra o terrorismo cultural da esquerda.*

---

* Para um apanhado histórico das origens da crise de 1964, ver R. M. Marini, "Contradições no Brasil contemporâneo", in *Teoria e Prática*, nº 3, São Paulo, 1968. Para as limitações da burguesia nacional e para a estrutura do poder populista, ver respectivamente os trabalhos de F. H. Cardoso e F. C. Weffort, in *Les Temps Modernes*, outubro 1967.

* * *

Este, esquematicamente, o mecanismo através do qual um dúbio temário socialista conquistou a cena. Entretanto, resultados culturais e horizontes de uma ideologia, já porque ela nunca está só, não são idênticos em tudo à sua função. Do contato com as novas tendências internacionais e com a radicalização do populismo, o qual afinal desembocava em meses de pré-revolução, nasciam perspectivas e formulações irredutíveis ao movimento ideológico do princípio, e incompatíveis com ele. Dada a análise que fizemos, este é mesmo um critério de valor: só na medida em que nalgum ponto rompesse com o sistema de conciliações então engrenado, que não obstante lhe dava o impulso, a produção de esquerda escapava de ser pura ideologia. Isto dava-se de muitas maneiras. Por exemplo, as demagógicas emoções da "política externa independente" (Jânio Quadros condecorando Guevara) ou das campanhas de Goulart estimulavam, nas faculdades, o estudo de Marx e do imperialismo. Em conseqüência vieram de professores — destas longínquas tartarugas — as primeiras exposições mais convincentes e completas da inviabilidade do reformismo e de seu caráter mistificador. Outro resultado oblíquo: paradoxalmente, o estudo acadêmico devolvia aos textos de Marx e Lênin a vitalidade que o monopólio do PC lhes havia tomado; saindo da aula, os militantes defendiam o rigor marxista contra os compromissos de seus dirigentes. Em suma, como os grupos de onze e as ligas camponesas escapavam à máquina populista, que entretanto era a sua atmosfera, a cultura dispersava por vezes, em obras isoladas ou mesmo em experimentos coletivos, a fumaceira teórica do PC, que entretanto era também o clima que lhe garantia audiência e importância imediata. Finalmente, para um exemplo mais complexo desta disparidade entre a prática reformista e seus resultados culturais, veja-se o Movimento de Cultura Popular (MCP) em Pernambuco (uma bela evocação encontra-se no romance de Antonio Callado, *Quarup*, de 1967). O movimento começou em 1959, quando Miguel Arraes era prefeito e se candidatava a governador. A sua finalidade imediata era eleitoral, de alfabetizar as massas, que certamente votariam nele se pudessem (no Brasil o analfabeto, 50% da população, não vota). Havia intenção também de estimular toda sorte de organização do povo, em torno de interesses reais, de cidade, de bairro, e mesmo folclóricos, a fim de contrabalançar a indigência e o marginalismo da massa; seria um modo de fortalecê-la para o contato devastador com a demagogia eleitoral. O programa era de inspiração cristã e reformista, e a sua teoria centrava na "promoção do homem". Entretanto, em seus efeitos sobre a cultura e suas formas estabelecidas, a profundidade do MCP era maior. A começar pelo método Paulo Freire, de alfabetização de adultos, que foi desenvolvido nesta oportunidade. Este método, muito bem-sucedido na prática, não concebe a leitura como uma técnica indiferente, mas como força no jogo da dominação social. Em conseqüência, procura acoplar o acesso do camponês à palavra escrita com a consciência de sua situação política. Os professores, que eram estudantes, iam às comunidades rurais, e a partir da experiência viva dos moradores alinhavam assuntos e palavras-chave — "palavras geradoras", na terminologia de Paulo Freire — que serviriam simultaneamente para discussão e alfabetização. Em lugar de aprender humilhado, aos trinta anos de idade, que o vovô vê a uva, o trabalhador rural entrava, de um mesmo passo, no mundo das letras e no dos sindicatos, da constituição, da reforma agrária, em suma, dos seus interesses históricos. Nem o professor, nesta situação, é um profissional burguês que ensina simplesmente o que aprendeu, nem a leitura é um procedimento que qualifique simplesmente para uma nova profissão, nem as palavras e muito menos os alunos são simplesmente o que são. Cada um destes elementos é transformado no interior do método, em que de fato pulsa um momento da revolução contemporânea: a noção de que a miséria e seu cimento, o analfabetismo, não são acidentes ou resíduo, mas parte integrada no movimento rotineiro da dominação do capital. Assim, a conquista política da escrita rompe os quadros destinados ao estudo, à transmissão do saber e à consolidação da ordem vigente. Analogamente para o teatro. Certa feita, o governo Arraes procurou estender o crédito agrícola, que em dois meses passou a beneficiar 40 mil pequenos agricultores em lugar de apenas mil. Grupos teatrais procuravam então os camponeses, informavam-se e tentavam dramatizar em seguida os problemas da inovação. Num caso destes, quem seria o autor? Quem aprende? A beleza ainda adorna as classes dominantes? De onde vem ela? Com o público, mudavam os temas, os materiais, as possibilidades e a própria estrutura da produção cultural. Durante este breve período, em que polícia e justiça não estiveram simplesmente a serviço da propriedade (notavelmente em Pernambuco), as questões de uma cultura verdadeiramente democrática brotaram por todo canto, na mais alegre incompatibilidade com as formas e o prestígio da cultura burguesa. Aliás, é difícil dar-se conta, em sua verdadeira extensão, da cumplicidade complexa, da complementaridade que muitas vezes existe entre as formas aceitas, artísticas ou culturais, e a repressão policial. Foram tempos de áurea irreverência. No Rio de Janeiro, os Centros Populares de Cultura (CPC) improvisavam teatro político em portas de fábrica, sindicatos, grêmios estudantis e na favela, começavam a fazer cinema e lançar discos. O vento pré-revolucionário descompartimentava a consciência nacional e enchia os jornais de reforma agrária, agitação camponesa, movimento operário, nacionalização de empresas americanas etc. O país estava irreconhecivelmente inteligente. O jornalismo político dava um extraordinário salto nas grandes cidades, bem como o humorismo. Mesmo alguns deputados fizeram discursos com interesse. Em pequeno, era a produção intelectual que começava a reorientar a sua relação com as massas. Entretanto sobreveio o golpe, e com ele a repressão e o silêncio das primeiras semanas. Os generais, em arte, eram adeptos de uma linha mais tradicional. Em São Paulo, por exemplo, verdade que mais tarde, o comandante do Segundo Exército — famoso pela exclamação de que almoçaria a esquerda antes que ela o jantasse — promovia comentado sarau literário, em que recitou sonetos da lavra paterna, e no final, instado pela sociedade presente, também alguns de sua própria pluma. No Recife, o MCP foi fechado em seguida, e sua sede transformada, como era inevitável, em secretaria da assistência social. A fase mais interessante e alegre da história brasileira recente havia-se tornado matéria para reflexão.

Agora, no rastro da repressão de 1964, era outra camada geológica do país quem tinha a palavra. "Corações antigos, escaninhos da hinterlândia, quem vos conhece?" Já no pré-golpe, mediante forte aplicação de capitais e ciência publicitária, a direita conseguira ativar politicamente os sentimentos arcaicos da pequena burguesia. Tesouros de bestice rural e urbana saíram à rua, na forma da "Marcha da família, com Deus pela liberdade", movimentavam petições contra divórcio, reforma agrária e comunização do clero, ou ficavam em casa mesmo, rezando o "Terço em família", espécie de rosário bélico para encorajar os generais. Deus não deixaria de atender a tamanho clamor, público e caseiro, e de fato caiu em cima dos comunistas. No pós-golpe, a corrente da opinião vitoriosa se avolumou, enquanto a repressão calava o movimento operário e camponês. Curiosidades antigas vieram à luz, estimuladas pelo inquérito policial-militar que esquadrinhava a subversão. — O professor de filosofia acredita em Deus? — O senhor sabe inteira a letra do Hino Nacional? — Mas as meninas, na faculdade, são virgens? — E se forem praticantes do amor livre? — Será que o meu nome estava na lista dos que iriam para o paredão? Tudo se resumia nas palavras de ardente ex-liberal: "Há um grandioso trabalho à frente da Comissão Geral de Investigações". Na província, onde houvesse ensino superior, o ressentimento local misturava-se de interesse: professores do secundário e advogados da terra cobiçavam os postos e ordenados do ensino universitário, que via de regra eram de licenciados da capital. Em São Paulo, *speakers* de rádio e televisão faziam terrorismo político por conta própria. O governador do estado, uma encarnação de Ubu, invocava seguidamente a Virgem — sempre ao microfone —, a quem chamava "adorável criatura". O ministro da Educação era a mesma figura que há poucos anos expurgara a biblioteca da Universidade do Paraná, de que então era reitor; naquela ocasião mandara arrancar as páginas imorais dos romances de Eça de Queirós. Na Faculdade de Medicina, um grupo inteiro de professores foi expulso por outro, menos competente, que aproveitava a marola policial para ajuste de rancores antigos.

Em menos palavras: no conjunto de seus efeitos secundários, o golpe apresentou-se como uma gigantesca volta do que a modernização havia relegado; a revanche da província, dos pequenos proprietários, dos ratos de missa, das pudibundas, dos bacharéis em lei etc. Para conceber o tamanho desta regressão, lembre-se que no tempo de Goulart o debate público estivera centrado em reforma agrária, imperialismo, salário mínimo e voto do analfabeto, e mal ou bem resumira, não a experiência média do cidadão, mas a experiência *organizada* dos sindicatos, operários e rurais, das associações patronais ou estudantis, da pequena burguesia mobilizada etc. Por confuso e turvado que fosse, referia-se a questões reais e fazia-se nos termos que o processo nacional sugeria, de momento a momento, aos principais contendores. Depois de 1964 o quadro é outro. Ressurgem as velhas fórmulas rituais, anteriores ao populismo, em que os setores marginalizados e mais antiquados da burguesia escondem a sua falta de contato com o que se passa no mundo: a célula da nação é a família, o Brasil é altivo, nossas tradições cristãs, frases que não mais refletem realidade alguma, embora sirvam de *passe-partout* para a afetividade e de caução policial-ideológica a quem fala. À sua maneira, a contra-revolução repetia o que havia feito boa parte da mais reputada poesia brasileira deste século; ressuscitou o cortejo dos preteridos do capital. Pobres os poetas, que viam seus decantados maiores em procissão, brandindo cacetes e suando obscurantismo! Entretanto, apesar de vitoriosa, esta liga dos vencidos não pôde se impor, sendo posta de lado em seguida pelos tempos e pela política tecnocrática do novo governo. (Fez, contudo, fortuna artística ainda uma vez, em forma de assunto. Seu raciocínio está imortalizado nos três volumes do *Febeapá* — sigla para Festival de Besteira que Assola o País —, antologia compilada por Stanislaw Ponte Preta. E de maneira indireta, o espetáculo de anacronismo social, de cotidiana fantasmagoria que deu, preparou a matéria para o movimento *tropicalista* — uma variante brasileira e complexa do pop, na qual se reconhece um número crescente de músicos, escritores, cineastas, encenadores e pintores de vanguarda. Adiante tentarei apresentá-la.) A sua segunda chance, esta liga veio a tê-la agora em 1969, associada ao esforço policial e doutrinário dos militares, que tentam construir uma ideologia para opor à guerra revolucionária nascente. Porém voltemos a 1964. O governo que instaurou o golpe, contrariamente à pequena burguesia e à burguesia rural, que ele mobilizara mas não ia representar, não era atrasado. Era pró-americano e antipopular, mas moderno. Levava a cabo a integração econômica e militar com os Estados Unidos, a concentração e a racionalização do capital. Neste sentido o relógio não andara para trás, e os expoentes da propriedade privada rural e suburbana não estavam no poder. Que interesse pode ter um tecnocrata, cosmopolita por definição, nos sentimentos que fazem a hinterlândia marchar? Muito mais interessante é ver o que vêem os seus colegas em Londres, Nova York e Paris: *Hair*, *Marat-Sade*, Albee e mesmo Brecht. Da mesma forma, quando marchavam pelas ruas contra o comunismo, em saia, blusa e salto baixo, as damas da sociedade não pretendiam renunciar às suas toaletes mais elaboradas. A burguesia entregou aos militares a Presidência da República e lucrativos postos na administração, mas guardava padrões internacionais de gosto. Ora, neste momento a vanguarda cultural do Ocidente trata de um só assunto, o apodrecimento social do capitalismo. Por sua vez, os militares quase não traziam a público o seu esforço ideológico — o qual será decisivo na etapa que se inicia agora —, pois dispondo da força dispensavam a sustentação popular. Neste vácuo, foi natural que prevalecessem o mercado e a liderança dos entendidos, que devolveram a iniciativa a quem a tivera no governo anterior. A vida cultural entrava em movimento, com as mesmas pessoas de sempre e uma posição alterada na vida nacional. Através de campanhas contra tortura, rapina americana, inquérito militar e estupidez dos censores, a inteligência do país unia-se e triunfava moral e intelectualmente sobre o governo, com grande efeito de propaganda. Somente em fins de 1968 a situação volta a se modificar, quando é oficialmente reconhecida a existência de guerra revolucionária no Brasil. Para evitar que ela se popularize, o policialismo torna-se verdadeiramente pesado, com delação estimulada e protegida, a tortura assumindo proporções pavorosas, e a imprensa de boca fechada. Cresce em decorrência o peso da esfera ideológica, o que se traduziu em profusão de bandeiras nacionais, folhetos de propaganda, e na instituição de cursos de ginástica e civismo para universitários. Subitamente renascida, em toda parte se encontra a fraseologia do patriotismo ordeiro. Que chance tem o governo de forjar uma ideologia nacional efetiva? Se precisa dela, é somente para enfrentar a subversão. Noutro caso, preferia dispensá-la, pois é no essencial um governo associado ao imperialismo, de desmobilização popular e soluções técnicas, ao qual todo compromisso ideológico verificável parecerá sempre um entrave. Além disso, há também a penetração instituída e maciça da cultura dos Estados Unidos, que não casa bem com Deus, pátria e família, ao menos em sua acepção latino-americana. Portanto, a resistência à difusão de uma ideologia de tipo fascista está na força das coisas. Por outro lado, dificilmente ela estará na consciência liberal, que teve seus momentos de vigor depois de 1964, mas agora parece quase extinta. Em 1967, por ocasião de grandes movimentações estudantis, foi trazida a São Paulo a polícia das docas. A sua brutalidade sinistra, rotineiramente aplicada aos trabalhadores, voltava-se por um momento contra os filhos da burguesia, causando espanto e revolta. Aquela violência era desconhecida na cidade e ninguém supusera que a defesa do regime necessitasse de tais especialistas. Assim também hoje. Contrafeita, a burguesia aceita a programação cultural que lhe preparam os militares.

Sistematizando um pouco, o que se repete nestas idas e vindas é a combinação, em momentos de crise, do moderno e do antigo; mais precisamente, das manifestações mais avançadas da integração imperialista internacional e da ideologia burguesa mais antiga — e obsoleta — centrada no indivíduo, na unidade familiar e em suas tradições. Superficialmente, esta combinação indica apenas a coexistência de manifestações ligadas a diferentes fases do mesmo sistema. (Não interessa aqui, para o nosso argumento, a famosa variedade cultural do país, em que de fato se encontram religiões africanas, tribos indígenas, trabalhadores ocasionalmente vendidos tal qual escravos, trabalho a meias e complexos industriais.) O importante é o caráter sistemático desta coexistência, e seu sentido, que pode variar. Enquanto na fase Goulart a modernização passaria pelas relações de propriedade e poder, e pela ideologia, que deveriam ceder à pressão das massas e das necessidades do desenvolvimento nacional, o golpe de 1964 — um dos momentos cruciais da Guerra Fria — firmou-se pela derrota deste movimento, através da mobilização e confirmação, entre outras, das formas tradicionais e localistas de poder. Assim a integração imperialista, que em seguida modernizou para os seus propósitos a economia do país, revive e tonifica a parte do arcaísmo ideológico e político de que necessita para a sua estabilidade. De obstáculo e resíduo, o arcaísmo passa a instrumento intencional da opressão mais moderna, como aliás a modernização, de libertadora e nacional passa a forma de submissão. Nestas condições, em 1964 o pensamento caseiro alçou-se à eminência histórica. Espetáculo acabrunhador especialmente para os intelectuais, que já se tinham desacostumado. Esta experiência, com sua lógica própria, deu a matéria-prima a um estilo artístico importante, o Tropicalismo, que reflete variadamente a seu respeito, explorando e demarcando uma nova situação intelectual, artística e de classe. Tento em seguida um esquema, sem qualquer certeza, de suas linhas principais. Arriscando um pouco, talvez se possa dizer que o efeito básico do Tropicalismo está justamente na submissão de anacronismos desse tipo, grotescos à primeira vista, inevitáveis à segunda, à luz branca do ultramoderno, transformando-se o resultado em alegoria do Brasil. A reserva de imagens e emoções próprias ao país patriarcal, rural e urbano é exposta à forma ou técnica mais avançada ou na moda mundial — música eletrônica, montagem eisensteiniana, cores e montagem do pop, prosa de *Finnegans wake*, cena ao mesmo tempo crua e alegórica, atacando fisicamente a platéia. É nesta diferença interna que está o brilho peculiar, a marca de registro da imagem tropicalista.* O resultado da combinação é

---

* Nos casos em que o elemento "antiquado" é recentíssimo e internacional — os hábitos neofósseis da sociedade dita de consumo —, o Tropicalismo coincide simplesmente com formas do pop.

estridente como um segredo familiar trazido à rua, como uma traição de classe. É literalmente um disparate — é esta a primeira impressão — em cujo desacerto porém está figurado um abismo histórico real, a conjugação de etapas diferentes do desenvolvimento capitalista. São muitas as ambigüidades e tensões nesta construção. O veículo é moderno e o conteúdo é arcaico, mas o passado é nobre e o presente é comercial; por outro lado, o passado é iníquo e o presente é autêntico etc. Combinaram-se a política e uma espécie coletiva de exibicionismo social: a força artística lhe vem de citar sem conivência, como se viessem de Marte, o civismo e a moral que saíram à rua — mas com intimidade, pois Marte fica lá em casa — e vem também de uma espécie de delação amorosa, que traz aos olhos profanos de um público menos restrito os arcanos familiares e de classe. Noivas patéticas, semblantes senatoriais, frases de implacável dignidade, paixões de tango — sem a proteção da distância social e do prestígio de seu contexto, e gravadas nalguma matéria plástico-metálico-fosforescente e eletrônica, estas figuras refulgem estranhamente, e fica incerto se estão desamparadas ou são malignas, prontas para um fascismo qualquer. Aliás, este fundo de imagens tradicionais é muitas vezes representado através de seus decalques em radionovela, opereta, cassino e congêneres, o que dá um dos melhores efeitos do Tropicalismo: o antigo e autêntico era ele mesmo tão faminto de efeito quanto o deboche comercial de nossos dias, com a diferença de estar fora de moda; é como se a um cavalheiro de cartola, que insistisse em sua superioridade moral, respondessem que hoje ninguém usa mais chapéu. Sistematizando: a crista da onda, que é, quanto à forma, onde os tropicalistas estão, ora alinha pelo esforço crítico, ora pelo sucesso do que seja mais recente nas grandes capitais. Esta indiferença, este valor absoluto do novo, faz que a distância histórica entre técnica e tema, fixada na imagem-tipo do Tropicalismo, possa tanto exprimir ataque à reação quanto o triunfo dos netos citadinos sobre os avós interioranos, o mérito irrefutável de ter nascido depois e ler revistas estrangeiras. Sobre o fundo ambíguo da modernização, é incerta a divisa entre sensibilidade e oportunismo, entre crítica e integração. Uma ambigüidade análoga aparece na conjugação de crítica social violenta e comercialismo atirado, cujos resultados podem facilmente ser conformistas, mas podem também, quando ironizam o seu aspecto duvidoso, reter a figura mais íntima e dura das contradições da produção intelectual presente. Aliás, a julgar pela indignação da direita (o que não é tudo), o lado irreverente, escandaloso e comercial parece ter tido, entre nós, mais peso político que o lado político deliberado. Qual o lugar social do Tropicalismo? Para apreciá-lo é necessária familiaridade — mais rara para algumas formas de arte e menos para outras — com a moda internacional. Esta familiaridade, sem a qual se perderia a distância, a noção de impropriedade diante da herança patriarcal, é monopólio de universitários e afins, que por meio dela podem falar uma linguagem exclusiva. Como já vimos, o tropicalismo submete um sistema de noções reservadas e prestigiosas a uma linguagem de outro circuito e outra data, operação de que deriva o seu alento desmistificador e esquerdista. Ora, também a segunda linguagem é reservada, embora a outro grupo. Não se passa do particular ao universal, mas de uma esfera a outra, verdade que politicamente muito mais avançada, que encontra aí uma forma de identificação. Mais ou menos, sabemos assim a quem fala este estilo; mas não sabemos ainda o que ele diz. Diante de uma imagem tropicalista, diante do disparate aparentemente surrealista que resulta da combinação que descrevemos, o espectador sintonizado lançará mão das frases da moda, que se aplicam: dirá que o Brasil é incrível, é a fossa, é o fim, o Brasil é demais. Por meio destas expressões, em que simpatia e desgosto estão indiscerníveis, filia-se ao grupo dos que têm o "senso" do caráter nacional. Por outro lado, este clima, esta essência imponderável do Brasil, é de construção simples, fácil de reconhecer ou produzir. Trata-se de um truque de linguagem, de uma fórmula para visão sofisticada, ao alcance de muitos. Qual o conteúdo deste esnobismo de massas? Qual o sentimento em que se reconhece e distingue a sensibilidade tropicalista? Entre parênteses, sendo simples uma fórmula não é necessariamente ruim. Como veremos adiante, o efeito tropicalista tem um fundamento histórico profundo e interessante: mas é também indicativo de uma posição de classe, como veremos agora. Voltando: por exemplo, no método Paulo Freire estão presentes o arcaísmo da consciência rural e a reflexão especializada de um alfabetizador; entretanto, a despeito desta conjunção, nada menos tropicalista do que o dito método. Por quê? Porque a oposição entre os seus termos não é insolúvel: pode haver alfabetização. Para a imagem tropicalista, pelo contrário, é essencial que a justaposição de antigo e novo — seja entre conteúdo e técnica, seja no interior do conteúdo — componha um *absurdo*, esteja em forma de aberração, a que se referem a melancolia e o humor deste estilo. Noutras palavras, para obter o seu efeito artístico e crítico o Tropicalismo trabalha com a conjunção esdrúxula de arcaico e moderno que a contra-revolução cristalizou, ou por outra ainda, com o *resultado* da anterior tentativa fracassada de modernização nacional. Houve um momento, pouco antes e pouco depois do golpe, em que ao menos para o cinema valia uma palavra de ordem cunhada por Glauber Rocha (que parece evoluir para longe dela): "Por uma estética da fome". A ela ligam-se alguns dos melhores filmes brasileiros, *Vidas secas*, *Deus e o diabo* e *Os fuzis* em particular. Reduzindo ao extremo, pode-se dizer que o impulso desta estética é revolucionário. O artista buscaria a sua força e modernidade na etapa presente da vida nacional, e guardaria quanta independência fosse possível em face do aparelho tecnológico e econômico, em última análise sempre orientado pelo inimigo. A direção tropicalista é inversa: registra, do ponto de vista da vanguarda e da moda internacionais, com seus pressupostos econômicos, como coisa aberrante, o atraso do país. No primeiro caso, a técnica é politicamente dimensionada. No segundo, o seu estágio internacional é o parâmetro aceito da infelicidade nacional: nós, os atualizados, os articulados com o circuito do capital, falhada a tentativa de modernização social feita de cima, reconhecemos que o absurdo é a alma do país e a nossa. A noção de uma "pobreza brasileira", que vitima igualmente a pobres e ricos — própria do Tropicalismo —, resulta de uma generalização semelhante. Uns índios num descampado miserável, filmados em tecnicólor humorístico, uma cristaleira no meio da auto-estrada asfaltada, uma festa grã-fina, afinal de contas provinciana —, em tudo estaria a mesma miséria. Esta noção de pobreza não é evidentemente a dos pobres, para quem falta de comida e de estilo não podem ser vexames equivalentes. Passemos entretanto à outra questão: qual o fundamento histórico da alegoria tropicalista? Respondendo, estaríamos explicando também o interesse verdadeiramente notável que estas imagens têm, que ressalta de modo ainda mais surpreendente se ocorre serem parte de uma obra medíocre. A coexistência do antigo e do novo é um fato geral (e sempre sugestivo) de todas as sociedades capitalistas e de muitas outras também. Entretanto, para os países colonizados e depois subdesenvolvidos, ela é central e tem força de emblema. Isto porque estes países foram incorporados ao mercado mundial — ao mundo moderno — na qualidade de econômica e socialmente atrasados, de fornecedores de matéria-prima e trabalho barato. A sua ligação ao novo se faz *através*, estruturalmente através de seu atraso social, que se reproduz em lugar de se extinguir.* Na composição insolúvel mas funcional dos dois termos, portanto, está figurado um destino nacional, que dura desde os inícios. Aliás, cultivando a "*latinoamericanidad*" — em que tenuemente ressoa o caráter continental da revolução —, o que no Brasil de fala portuguesa é raríssimo, os tropicalistas mostram

---

* Para uma exposição ampla destas noções, ver Gunder Frank, *Le développement du sous-développement*, e *Capitalisme et sous-développement*.

que têm consciência do alcance de seu estilo. De fato, uma vez assimilado este seu modo de ver, o conjunto da América Latina *é* tropicalista. Por outro lado, a generalidade deste esquema é tal que abraça todos os países do continente em todas as suas etapas históricas — o que poderia parecer um defeito. O que dirá do Brasil de 1964 uma fórmula igualmente aplicável, por exemplo, ao século XIX argentino? Contudo, porque o Tropicalismo é *alegórico*, a falta de especificação não lhe é fatal (seria, num estilo simbólico). Se no símbolo, esquematicamente, forma e conteúdo são indissociáveis, se o símbolo é "aparição sensível" e por assim dizer natural da idéia, na alegoria a relação entre a idéia e as imagens que devem suscitá-la é externa e do domínio da convenção. Significando uma idéia abstrata com que nada têm a ver, os elementos de uma alegoria não são transfigurados artisticamente: persistem na sua materialidade documental, são como que escolhos da história real, que é a sua profundidade.* Assim, é justamente no esforço de encontrar matéria sugestiva e *datada* — com a qual alegorizam a "idéia" intemporal de Brasil — que os tropicalistas têm o seu melhor resultado. Daí o caráter de inventário que têm filmes, peças e canções tropicalistas, que apresentam quanta matéria possam para que esta sofra o processo de ativação alegórica. Produzido o anacronismo — com seu efeito convencionalizado, de que isto seja Brasil —, os *ready mades* do mundo patriarcal e do consumo imbecil põem-se a significar por conta própria, em estado indecoroso, não estetizado, sugerindo infinitamente as suas histórias abafadas, frustradas, que não chegaremos a conhecer. A imagem tropicalista encerra o passado na forma de males ativos ou ressuscitáveis, e sugere que são nosso destino, razão pela qual não cansamos de olhá-la. Creio

---

* Idéia e vocabulário são emprestados aqui ao estudo de Walter Benjamin sobre o drama barroco alemão, em que se teoriza a respeito da alegoria.

que este esquema vigora mesmo quando a imagem é cômica à primeira vista.*

Comentando algumas casas posteriores a 1964, construídas por arquitetos avançados, um crítico observou que eram ruins de morar porque a sua matéria, principalmente o concreto aparente, era muito bruta, e porque o espaço estava excessivamente retalhado e racionalizado, sem proporção com as finalidades de uma casa particular. Nesta desproporção, entretanto, estaria a sua honestidade cultural, o seu testemunho histórico. Durante os anos desenvolvimentistas, ligada a Brasília e às esperanças do socialismo, havia maturado a consciência do sentido coletivista da produção arquitetônica. Ora, para quem pensara na construção racional e barata, em grande escala, no interior de um movimento de democratização nacional, para quem pensara no labirinto das implicações econômico-políticas entre tecnologia e imperialismo, o projeto para uma casa burguesa é inevitavelmente um anticlímax.** Cortada a perspectiva política da arquitetura, restava entretanto a formação intelectual que ela dera aos arquitetos, que iriam torturar o espaço, sobrecarregar de intenções e experimentos as casinhas que os amigos recém-casados, com algum dinheiro, às vezes lhes encomendavam. Fora de seu contexto adequado, realizando-se em esfera restrita e na forma de mercadoria, o racionalismo arquitetônico transforma-se em ostentação de bom

---

* Alguns representantes desta linha são, para a música, Gilberto Gil e Caetano Veloso; para o teatro, José Celso Martinez Corrêa, com o *Rei da vela* e *Roda-viva*; no cinema há elementos de Tropicalismo em *Macunaíma*, de Joaquim Pedro, *Os herdeiros*, de Carlos Diegues, *Brasil ano 2000*, de Walter Lima Jr., *Terra em transe* e *O dragão da maldade contra o santo guerreiro*, de Glauber Rocha.
** Sérgio Ferro Pereira, "Arquitetura nova", in *Teoria e Prática* nº 1, São Paulo, 1967.

gosto — incompatível com a sua direção profunda — ou em símbolo moralista e inconfortável da revolução que não houve. Este esquema, aliás, com mil variações embora, pode-se generalizar para o período. O processo cultural, que vinha extravasando as fronteiras de classe e o critério mercantil, foi represado em 1964. As soluções formais, frustrado o contato com os explorados, para o qual se orientavam, foram usadas em situação e para um público a que não se destinavam, mudando de sentido. De revolucionárias passaram a símbolo vendável da revolução. Foram triunfalmente acolhidas pelos estudantes e pelo público artístico em geral. As formas políticas, a sua atitude mais grossa, engraçada e didática, cheias do óbvio materialista que antes fora de mau-tom, transformavam-se em símbolo *moral* da política, e era este o seu conteúdo forte. O gesto didático, apesar de muitas vezes simplório e não ensinando nada além do evidente à sua platéia culta — que existe o imperialismo, que a justiça é de classe —, vibrava como *exemplo*, valorizava o que à cultura confinada não era permitido: o contato político com o povo. Formava-se assim um comércio ambíguo, que de um lado vendia indulgências afetivo-políticas à classe média, mas do outro consolidava a atmosfera ideológica de que falamos no início. A infinita repetição de argumentos conhecidos de todos — nada mais redundante, à primeira vista, que o teatro logo em seguida ao golpe — não era redundante: ensinava que as pessoas continuavam lá e não haviam mudado de opinião, que com jeito se poderia dizer muita coisa, que era possível correr um risco. Nestes espetáculos, a que não comparecia a sombra de um operário, a inteligência identificava-se com os oprimidos e reafirmava-se em dívida com eles, em quem via a sua esperança. Davam-se combates imaginários e vibrantes à desigualdade, à ditadura e aos Estados Unidos. Firmava-se a convicção de que vivo e poético, hoje, é o combate ao capital e ao imperialismo. Daí a importância dos gêneros públicos, de teatro, afiches, música popular, cinema e jornalismo, que transformavam este clima em comício e festa, enquanto a literatura propriamente saía do primeiro plano. Os próprios poetas sentiam assim. Num debate público recente, um acusava outro de não ter um verso capaz de levá-lo à cadeia. Esta procuração revolucionária que a cultura passava a si mesma e sustentou por algum tempo não ia naturalmente sem contradições. Algumas podem ser vistas na evolução teatral do período.

A primeira resposta do teatro ao golpe foi musical, o que já era um achado. No Rio de Janeiro, Augusto Boal — diretor do Teatro de Arena de São Paulo, o grupo que mais metódica e prontamente se reformulou — montava o show *Opinião*. Os cantores, dois de origem humilde e uma estudante de Copacabana, entremeavam a história de sua vida com canções que calhassem bem. Neste enredo, a música resultava principalmente como resumo, autêntico, de uma experiência social, como a *opinião* que todo cidadão tem o direito de formar e cantar, mesmo que a ditadura não queira. Identificavam-se assim para efeito ideológico a música popular — que é com o futebol a manifestação chegada ao coração brasileiro — e a democracia, o povo e a autenticidade, contra o regime dos militares. O sucesso foi retumbante. De maneira menos inventiva o mesmo esquema liberal, de resistência à ditadura, servia a outro grande sucesso, *Liberdade, liberdade,* no qual era apresentada uma antologia ocidental de textos libertários, de VI a.C. a XX d.C. Apesar do tom quase cívico destes dois espetáculos, de conclamação e encorajamento, era inevitável um certo mal-estar estético e político diante do total acordo que se produzia entre palco e platéia. A cena não estava adiante do público. Nenhum elemento da crítica ao populismo fora absorvido. A confirmação recíproca e o entusiasmo podiam ser importantes e oportunos então, entretanto era verdade também que a esquerda vinha de uma derrota, o que dava um traço indevido de complacência ao delírio do aplauso. Se o povo é corajoso e inteligente, por que saiu batido? E se foi batido, por que tanta congratulação? Como veremos, a falta de resposta política a esta questão viria a transformar-se em limite estético do Teatro de Arena. Redundante neste ponto, *Opinião* era novo noutros aspectos. Seu público era muito mais estudantil que o costumeiro, talvez por causa da música, e portanto mais politizado e inteligente. Daí em diante, graças também ao contato organizado com os grêmios escolares, esta passou a ser a composição normal da platéia do teatro de vanguarda. Em conseqüência, aumentou o fundo comum de cultura entre palco e espectadores, o que permitia alusividade e agilidade, principalmente em política, antes desconhecidas. Se em meio à suja tirada de um vilão repontavam as frases do último discurso presidencial, o teatro vinha abaixo de prazer. Essa cumplicidade tem, é certo, um lado fácil e tautológico; mas cria o espaço teatral — que no Brasil o teatro comercial não havia conhecido — para o argumento ativo, livre de literatice. De modo geral aliás, o conteúdo principal deste movimento terá sido uma transformação de forma, a alteração do lugar social do palco. Em continuidade com o teatro de agitação da fase Goulart, a cena e com ela a língua e a cultura foram despidas de sua elevação "essencial", cujo aspecto ideológico, de ornamento das classes dominantes, estava a nu. Subitamente, o bom teatro que durante anos discutira em português de escola o adultério, a liberdade, a angústia, parecia recuado de uma era. Estava feita uma espécie de revolução brechtiana, a que os ativistas da direita, no intuito de restaurar a dignidade das artes, responderam arrebentando cenários e equipamentos, espancando atrizes e atores. Sem espaço ritual, mas com imaginação — e também sem grande tradição de *métier* e sem atores velhos —, o teatro estava próximo dos estudantes; não havia abismo de idade, modo de viver ou formação que os separasse. Por sua vez, o movimento estudantil vivia o seu momento áureo, de vanguarda política do país. Esta combinação entre a cena "rebaixada" e um público ativista deu momentos teatrais extraordinários, e repunha na ordem do dia as questões do didatismo. Em lugar de oferecer aos estudantes a profundidade insondável de um texto belo ou de um grande ator, o teatro oferecia-lhes uma coleção de argumentos e comportamentos bem pensados, para imitação, crítica ou rejeição. A distância entre o especialista e o leigo diminuíra muito. Digredindo, é um exemplo de que a democratização, em arte, não passa por barateamento algum, nem pela inscrição das massas numa escola de arte dramática; passa por transformações sociais e de critério, que não deixam intocados os termos iniciais do problema. Voltando: nalguma parte Brecht recomenda aos atores que recolham e analisem os melhores gestos com que acaso deparem, para aperfeiçoá-los e devolvê-los ao povo, de onde vieram. A premissa deste argumento, em que a arte e a vida estão conciliadas, é que o gesto exista no palco *assim como* fora dele, que a razão de seu acerto não esteja somente na forma teatral que o sustenta. O que é bom na vida aviva o palco, e vice-versa. Ora, se a forma artística deixa de ser o nervo exclusivo do conjunto, é que ela aceita os efeitos da estrutura social (ou de um movimento) — a que não mais se opõe no essencial — como equivalentes aos seus. Em conseqüência, há distensão formal, e a obra entra em acordo com o seu público; poderia diverti-lo e educá-lo, em lugar de desmenti-lo todo o tempo. Estas especulações, que derivam do idílio que Brecht imaginara para o teatro socialista na República Democrática Alemã, dão uma idéia do que se passava no Teatro de Arena, onde a conciliação era viabilizada pelo movimento estudantil ascendente. A pesquisa do que seja atraente, vigoroso e divertido, ou desprezível — para uso da nova geração — fez a simpatia extraordinária dos espetáculos do Arena desta fase. *Zumbi*, um musical em que se narra uma fuga e rebelião de escravos, é um bom exemplo. Não sendo cantores nem dançarinos, os atores tiveram que desenvolver uma dança e um canto ao alcance prático do leigo, que entretanto tivessem graça e interesse. Ao mesmo tempo impedia-se que as soluções encontradas aderissem ao amálgama singular de ator e personagem: cada personagem era feita por muitos atores, cada ator fazia muitas personagens, além do que a personagem principal era o coletivo. Assim, para que se pudessem retomar, para que o ator pudesse ora ser protagonista, ora massa, as caracterizações eram inteiramente objetivadas, isto é, socializadas, *imitáveis*. Os gestos poderiam ser postos e tirados, como um chapéu, e portanto adquiridos. O espetáculo era verdadeira pesquisa e oferenda das maneiras mais sedutoras de rolar e embolar no chão, de erguer um braço, de levantar depressa, de chamar, de mostrar decisão, mas também das maneiras mais ordinárias que têm as classes dominantes de mentir, de mandar em seus empregados ou de assinalar, mediante um movimento peculiar da bunda, a sua importância social. Entretanto, no centro de sua relação com o público — o que só lhe acrescentou o sucesso — *Zumbi* repetia a tautologia de *Opinião*: a esquerda derrotada triunfava sem crítica, numa sala repleta, como se a derrota não fosse um defeito. *Opinião* produzira a unanimidade da platéia através da aliança simbólica entre música e povo, contra o regime. *Zumbi* tinha esquema análogo, embora mais complexo. À oposição entre escravos e senhores portugueses, exposta em cena, correspondia outra, constantemente sugerida, entre o povo brasileiro e a ditadura pró-imperialista. Este truque expositivo, que tem a sua graça própria, pois permite falar em público do que é proibido, combinava um antagonismo que hoje é apenas moral — a questão escrava — a um antagonismo político, e capitalizava para o segundo o entusiasmo descontraído que resulta do primeiro. Mais precisamente, o movimento ia nos dois sentidos, que têm valor desigual. Uma vez, a revolta escrava era referida à ditadura; outra, a ditadura era reencontrada na repressão àquela. Num caso o enredo é artifício para tratar de nosso tempo. A linguagem necessariamente oblíqua tem o valor de sua astúcia, que é política. Sua inadequação é a forma de uma resposta adequada à realidade policial. E a leviandade com que é tratado o material histórico — os anacronismos pululam — é uma virtude estética, pois assinala alegremente o procedimento usado e o assunto real em cena. No segundo caso, a luta entre escravos e senhores portugueses *seria, já,* a luta do povo contra o imperialismo. Em conseqüência apagam-se as distinções históricas — as quais não tinham importância se o escravo é artifício, mas têm agora, se ele é origem — e valoriza-se a inevitável banalidade do lugar-comum: o direito dos oprimidos, a crueldade dos opressores; depois de 1964, como ao tempo de Zumbi (século XVII), busca-se no Brasil a liberdade. Ora, o vago de tal perspectiva pesa sobre a linguagem, cênica e verbal, que resulta sem nervo político, orientada pela reação imediata e humanitária (não política portanto) diante do sofrimento. Onde Boal brinca de esconde-esconde, há política; onde faz política, há exortação. O resultado artístico do primeiro movimento é bom, o do segundo é ruim. Sua expressão formal acabada, esta dualidade vai encontrá-la no trabalho seguinte do Arena, o *Tiradentes.* Teorizando a respeito, Boal observava que o teatro hoje tanto deve criticar como entusiasmar. Em conseqüência, opera com o distanciamento e a identificação, com Brecht e Stanislavski. A oposição entre os dois, que na polêmica brechtiana tivera significado histórico e marcava a linha entre ideologia e teatro válido, é reduzida a uma questão de oportunidade dos estilos.* De fato, em *Tiradentes* a personagem principal — o mártir da independência brasileira, homem de origem humilde — é

---

* Prefácio a *Tiradentes*. A peça é de Gianfrancesco Guarnieri e Augusto Boal. Para uma discussão detalhada desta teoria ver Anatol Rosenfeld, "Heróis e coringas", *in Teoria e Prática,* nº 2, São Paulo, 1968.

apresentada através de uma espécie de gigantismo naturalista, uma encarnação mítica do desejo de libertação nacional. Em contraste, as demais personagens, tanto seus companheiros de conspiração, homens de boa situação e pouco decididos, quanto os inimigos, são apresentadas com distanciamento humorístico, à maneira de Brecht. A intenção é produzir uma imagem crítica das classes dominantes, e outra, essa empolgante, do homem que dá sua vida pela causa. O resultado entretanto é duvidoso: os abastados calculam politicamente, têm noção de seus interesses materiais, sua capacidade epigramática é formidável e sua presença em cena é bom teatro; já o mártir corre desvairadamente empós a liberdade, é desinteressado, um verdadeiro idealista cansativo, com rendimento teatral menor. O método brechtiano, em que a inteligência tem um papel grande, é aplicado aos inimigos do revolucionário; a este vai caber o método menos inteligente, o do entusiasmo. Politicamente, este impasse formal me parece corresponder a um momento ainda incompleto da crítica ao populismo. Qual a composição social e de interesses do movimento popular? Esta é a pergunta a que o populismo responde mal. Porque a composição das massas não é homogênea, parece-lhe que mais vale uni-las pelo entusiasmo que separá-las pela análise crítica de seus interesses. Entretanto, somente através desta crítica surgiriam os verdadeiros temas do teatro político: as alianças e os problemas de organização, que deslocam noções como sinceridade e entusiasmo para fora do campo do universalismo burguês. Por outro lado, isto não quer dizer que chegando a estes assuntos o teatro vá melhorar. Talvez nem seja possível encená-lo. É verdade também que os melhores momentos do Arena estiveram ligados à sua limitação ideológica, à simpatia incondicional pelo seu público jovem, cujo senso de justiça, cuja impaciência, que têm certamente valor político, fizeram indevidamente as vezes de interesse revolucionário puro e simples. Em fim de contas, é um desencontro comum em matéria artística: a experiência social empurra o artista para as formulações mais radicais e justas, que se tornam por assim dizer obrigatórias, sem que daí lhes venha, como a honra ao mérito, a primazia qualitativa.* Mas não procurá-las conduz à banalização.

Também à esquerda, mas nos antípodas do Arena, e ambíguo até a raiz do cabelo, desenvolvia-se o Teatro Oficina, dirigido por José Celso Martinez Corrêa. Se o Arena herdara da fase Goulart o impulso formal, o interesse pela luta de classes, pela revolução, e uma certa limitação populista, o Oficina ergueu-se a partir da experiência interior da desagregação burguesa em 1964. Em seu palco esta desagregação repete-se ritualmente, em forma de ofensa. Os seus espetáculos fizeram história, escândalo e enorme sucesso em São Paulo e Rio, onde foram os mais marcantes dos últimos anos. Ligavam-se ao público pela brutalização, e não como o Arena, pela simpatia; e seu recurso principal é o choque profanador, e não o didatismo. A oposição no interior do teatro engajado não podia ser mais completa. Sumariamente, José Celso argumentaria da forma seguinte: se em 1964 a pequena burguesia ficou com a direita ou não resistiu, enquanto a grande se aliava ao imperialismo, todo consentimento entre palco e platéia é um erro ideológico e estético.** É preciso massacrá-la. Ela, por

---

* Este argumento é desenvolvido por Adorno, em seu ensaio sobre os critérios da música nova, quando confronta Schönberg e Webern, *in Klangfiguren*, Frankfurt: Suhrkamp Verlag, 1959.
** Numa entrevista traduzida em *Partisans*, nº 46 (Paris: Maspero), José Celso explica: "Enfim, é uma relação de luta, uma luta entre os atores e o público. [...] A peça o agride intelectualmente, formalmente, sexualmente, politicamente. Quer dizer que ela qualifica o espectador de cretino, reprimido e reacionário. E nós mesmos também entramos neste banho" (p. 75). "Se tomamos este público em seu conjunto, a única possibilidade de submetê-lo a uma ação política eficaz reside na destruição de seus mecanismos de defesa, de todas as suas justificações maniqueístas e historicistas (incluso quando elas se apóiam em Gramsci, Lukács e outros). Trata-se de pô-lo em seu lugar, de reduzi-lo a zero. O público

outro lado, gosta de ser massacrada ou ver massacrar, e assegura ao Oficina o mais notável êxito comercial. É o problema deste teatro. Para compreendê-lo, convém lembrar que nesse mesmo tempo se discutiu muito a perspectiva do movimento estudantil: seria determinada por sua origem social, pequeno-burguesa, ou representa uma função social peculiar — em crise — com interesses mais radicais? O Arena adota esta segunda resposta, em que funda a sua relação política e positiva com a platéia; em decorrência, os seus problemas são novos, antecipando sobre o teatro numa sociedade revolucionária; mas têm também um traço de voto-pio, pois o suporte real desta experiência são os consumidores que estão na sala, pagando e rindo, em plena ditadura. O Oficina, que adotou na prática a primeira resposta, põe sinal negativo diante da platéia em bloco, sem distinções. Paradoxalmente, o seu êxito entre os estudantes, em especial entre aqueles a que o resíduo populista do Arena irritava, foi muito grande; estes não se identificavam com a platéia, mas com o agressor. De fato, a hos-

---

representa uma ala mais ou menos privilegiada deste país, a ala que se beneficia, ainda que mediocremente, de toda a falta de história e de toda a estagnação deste gigante adormecido que é o Brasil. O teatro tem necessidade hoje de desmistificar, de colocar este público em seu estado original, frente a frente com a sua grande miséria, a miséria do pequeno privilégio obtido em troca de tantas concessões, tantos oportunismos, tantas castrações, tantos recalques, em troca de toda a miséria de um povo. O que importa é deixar este público em estado de nudez total, sem defesa, e incitá-lo à iniciativa, à criação de um caminho novo, inédito, fora de todos os oportunismos estabelecidos (que sejam ou não batizados de marxistas). A eficácia política que se pode esperar do teatro no que diz respeito a este setor (pequena burguesia) só pode estar na capacidade de ajudar as pessoas a compreender a necessidade da iniciativa individual, a iniciativa que levará cada qual a jogar a sua própria pedra contra o absurdo brasileiro" (p. 70). "Em relação a este público, que não vai se manifestar enquanto classe, a eficácia política de uma peça mede-se menos pela justeza de um critério sociológico dado que pelo seu nível de agressividade. Entre nós, nada se faz com liberdade, e a culpa no caso não é só da censura" (p. 72).

tilidade do Oficina era uma resposta radical, mais radical que a outra, à derrota de 1964; mas não era uma resposta política. Em conseqüência, apesar da agressividade, o seu palco representa um passo atrás: é moral e interior à burguesia, reatou com a tradição pré-brechtiana, cujo espaço dramático é a consciência moral das classes dominantes. Dentro do recuo, entretanto, houve evolução, mesmo porque historicamente a repetição não existe: a crise burguesa, depois do banho de marxismo que a intelectualidade tomara, perdeu todo crédito, e é repetida como uma espécie de ritual abjeto, destinado a tirar ao público o gosto de viver. Cristalizou-se o sentido moral que teria, para a faixa de classe média tocada pelo socialismo, a reconversão ao horizonte burguês. Entre parênteses, esta crise tem já sua estabilidade, e alberga uma população considerável de instalados. Voltando, porém: com violência desconhecida — mas autorizada pela moda cênica internacional, pelo prestígio da chamada desagregação da cultura européia, o que exemplifica as contradições do imperialismo neste campo —, o Oficina atacava as idéias e imagens usuais da classe média, os seus instintos e sua pessoa física. O espectador da primeira fila era agarrado e sacudido pelos atores, que insistem para que ele "compre!". No corredor do teatro, a poucos centímetros do nariz do público, as atrizes disputam, estraçalham e comem um pedaço de fígado cru, que simboliza o coração de um cantor milionário da TV, que acaba de morrer. A pura noiva do cantor, depois de prostituir-se, é coroada rainha do rádio e da televisão; a sua figura, de manto e coroa, é a da Virgem etc. Auxiliado pelos efeitos de luz, o clima destas cenas é de revelação, e o silêncio na sala é absoluto. Por outro lado, é claro também o elaborado mau gosto, evidentemente intencional, de pasquim, destas construções "terríveis". Terríveis ou "terríveis"? Indignação moral ou imitação maligna? Imitação e indignação, levadas ao extremo, transformam-se uma na outra, uma guinada de grande efeito teatral, em que se encerra e expõe com força artística uma posição política. A platéia, por sua vez, choca-se três, quatro, cinco vezes com a operação, e em seguida fica deslumbrada, pois não esperava tanto virtuosismo onde supusera uma crise. Este jogo, em que a última palavra é sempre do palco, esta corrida no interior de um círculo de posições insustentáveis, é talvez a experiência principal proporcionada pelo Oficina. De maneira variada, ela se repete e deve ser analisada. Nos exemplos que dei, combinam-se dois elementos de alcance e lógica artística diferentes. Tematicamente são imagens de um naturalismo de choque, caricato e moralista: dinheiro, sexo, e nada mais. Estão ligadas contudo a uma ação direta sobre o público. Este segundo elemento não se esgota na intenção explícita com que foi usado, de romper a carapaça da platéia, para que a crítica a possa atingir efetivamente. Seu alcance cultural é muito maior, e difícil de medir por enquanto. Tocando o espectador, os atores não desrespeitam somente a linha entre palco e platéia, como também a distância física que é de regra entre estranhos, e sem a qual não subsiste a nossa noção de individualidade. A colossal excitação e o mal-estar que se apossam da sala vêm, aqui, do risco de generalização: e se todos se tocassem? Também nos outros dois exemplos violam-se tabus. Por sua lógica, a qual vem sendo desenvolvida, ao que parece, pelo Living Theater, estes experimentos seriam *libertários*, e fazem parte de um movimento novo, em que imaginação e prática, iniciativa artística e reação do público estão consteladas de maneira também nova. No Oficina, contudo, são usados como *insulto*. O espectador é tocado para que mostre o seu medo, não seu desejo. É fixada a sua fraqueza, e não o seu impulso. Se acaso não ficar intimidado e tocar uma atriz, por sua vez, causa desarranjo na cena, que não está preparada para isto. Ao que pude observar, passa-se o seguinte: parte da platéia identifica-se ao agressor, às expensas do agredido. Se alguém, depois de agarrado, sai da sala, a satisfação dos que ficam é enorme. A dessolidarização diante do massacre, a deslealdade criada no interior da platéia são absolutas, e repetem o movimento iniciado pelo palco. Origina-se uma espécie de competição, uma espiral de dureza em face dos choques sempre renovados, em que a própria intenção política e libertária que um choque possa ter se perde e se inverte. As situações não valem por si, mas como parte de uma prova geral de força, cujo ideal está na capacidade indefinida de se desidentificar e de identificar-se ao agressor coletivo. É disto que se trata, mais talvez que da superação de preconceitos. Por seu conteúdo, este movimento é desmoralizante ao extremo; mas como estamos no teatro, ele é também imagem, donde a sua força crítica. O que nele se figura, critica e exercita é o cinismo da cultura burguesa diante de si mesma. Sua base formal, aqui, é a sistematização do choque, o qual de recurso passou a princípio construtivo. Ora, a despeito e por causa de sua intenção predatória, o choque sistematizado tem compromisso essencial com a ordem estabelecida na cabeça de seu público, o que é justamente o seu paradoxo como forma artística. Não tem linguagem própria, tem que emprestá-la sempre de sua vítima, cuja estupidez é a carga de explosivo com que ele opera. Como forma, no caso, o choque responde à desesperada necessidade de agir, de agir diretamente sobre o público; é uma espécie de tiro cultural. Em conseqüência, os seus problemas são do domínio da manipulação psicológica, da eficácia — a comunicação é procurada, como na publicidade, pela titilação de molas secretas —, problemas que não são artísticos *no essencial*. Quem quer chocar não fala ao vento, a quem entretanto todo artista fala um pouco. E quem faz política não quer chocar... Em suma, a distância entre palco e platéia está franqueada, mas numa só direção. Esta desigualdade, que é uma deslealdade mais ou menos consentida, não mais corresponde a qualquer prestígio absoluto de teatro e cultura, nem por outro lado a uma relação propriamente política. Instalando-se no descampado que é hoje a ideologia burguesa, o Oficina inventa e explora jogos apropriados ao terreno, torna habitável, nauseabundo e divertido o espaço do niilismo pós-1964. Como então afirmar que este teatro conta à esquerda? É conhecido o "pessimismo de olé" da República de Weimar, o *Jucheepessimismus*, que ao enterrar o liberalismo teria prenunciado e favorecido o fascismo. Hoje, dado o panorama mundial, a situação talvez esteja invertida. Ao menos entre intelectuais, em terra de liberalismo calcinado parece que nasce ou nada ou vegetação de esquerda. O Oficina foi certamente parte nesta campanha pela terra arrasada.

Em seu conjunto, o movimento cultural destes anos é uma espécie de floração tardia, o fruto de dois decênios de democratização, que veio amadurecer agora, em plena ditadura, quando as suas condições sociais já não existem, contemporâneo dos primeiros ensaios de luta armada no país. À direita cumpre a tarefa inglória de lhe cortar a cabeça: os seus melhores cantores e músicos estiveram presos e estão no exílio, os cineastas brasileiros filmam na Europa e na África, professores e cientistas vão embora, quando não vão para a cadeia. Mas, também à esquerda a sua situação é complicada, pois se é próprio do movimento cultural contestar o poder, não tem como tomá-lo. De que serve a hegemonia ideológica se não se traduz em força física imediata? Ainda mais agora, quando é violentíssima a repressão tombando sobre os militantes. Se acrescentarmos a enorme difusão da ideologia guerreira e voluntarista, começada com a guerrilha boliviana, compreende-se que seja baixo o prestígio da escrivaninha. Pressionada pela direita e pela esquerda, a intelectualidade entra em crise aguda. O tema dos romances e filmes políticos do período é, justamente, a conversão do intelectual à militância.* Se a sua atividade, tal como historicamente se definiu no país, não é mais possível, o que lhe resta senão passar à luta diretamente política? Nos meses que se passaram entre as primeiras linhas deste panorama e a sua conclusão, o expurgo universitário prosseguiu, e foi criada a censura prévia de livros, a fim de obstar à pornografia. A primeira publicação enquadrada foi a última em que ainda se manifestava, muito seletiva e dubiamente, o espírito crítico no país: o semanário O Pasquim.** Noutras palavras, a impregnação política e nacional da cultura, que é uma parte grande da sua importância, deverá ceder o passo a outras orientações. Em conseqüência, ouve-se dizer que a universidade acabou, cinema e teatro idem, fala-se em demissão coletiva de professores etc. Estas expressões, que atestam a coerência pessoal de quem as utiliza, contêm um erro de fato: as ditas instituições continuam, embora muito controladas. E mais, é pouco provável que por agora o governo consiga transformá-la substancialmente. O que a cada desaperto policial se viu, em escala nacional, de 1964 até agora, foi a maré fantástica da insatisfação popular; calado à força, o país está igual, onde Goulart o deixara, agitável como nunca. A mesma permanência talvez valha para a cultura, cujas molas profundas são difíceis de trocar. De fato, a curto prazo a opressão policial nada pode além de paralisar, pois não se fabrica um

---

* *Pessach, a travessia*, romance de Carlos Heitor Cony (Companhia das Letras, 1997); *Quarup*, romance de Antonio Callado (Nova Fronteira, 2005); *Terra em transe*, filme de Glauber Rocha; *O desafio*, filme de Paulo Cesar Saraceni. É interessante notar que o enredo da conversão resulta mais político e artisticamente limpo se o seu centro não é o intelectual, mas o soldado e o camponês, como em *Os fuzis*, de Ruy Guerra, *Deus e o diabo na terra do sol*, de Glauber Rocha, ou *Vidas secas*, de Nelson Pereira dos Santos. Nestes casos, a desproporção fantasmal das crises morais fica objetivada ou desaparece, impedindo a trama de emaranhar-se no inessencial.
** *O Pasquim* não foi fechado. Fica o erro sem corrigir, em homenagem aos numerosos falsos alarmes que atormentavam o cotidiano da época.

passado novo de um dia para o outro. Que chance têm os militares de tornar ideologicamente ativas as suas posições? Os pró-americanos, que estão no poder, nenhuma; a subordinação não inspira o canto, e mesmo se conseguem dar uma solução de momento à economia, é ao preço de não transformarem o país socialmente; nestas condições, de miséria numerosa e visível, a ideologia do consumo será sempre um escárnio. A incógnita estaria com os militares nacionalistas que, para fazerem frente aos Estados Unidos, teriam que levar a cabo alguma reforma que lhes desse apoio popular, como no Peru. É onde aposta o PC. Por outro lado, os militares peruanos parecem não apreciar o movimento de massas... Existe contudo uma presença cultural mais simples, de efeito ideológico imediato, que é a presença física. É um fato social talvez importante que os militares estejam entrando em massa para a vida civil, ocupando cargos na administração pública e privada. Na província começam a entrar também para o ensino universitário, em disciplinas técnicas. Esta presença difusa dos representantes da ordem altera o clima cotidiano da reflexão. Onde anteriormente o intelectual conversava e pensava durante anos, sem sofrer o confronto da autoridade, a qual só de raro em raro o tornava responsável por sua opinião, e só a partir de seus efeitos, hoje é provável que um de seus colegas seja militar. A longo prazo esta situação leva os problemas da vida civil para dentro das Forças Armadas. De imediato, porém, traz a autoridade destas para dentro do dia-a-dia. Nestas circunstâncias, uma fração da intelectualidade contrária à ditadura, ao imperialismo e ao capital vai dedicar-se à revolução, e a parte restante, sem mudar de opinião, fecha a boca, trabalha, luta em esfera restrita e espera por tempos melhores. Naturalmente há defecções, como em abril de 1964, quando o empuxo teórico do golpe levou um batalhão de marxistas acadêmicos a converter-se ao estruturalismo. Um caso interessante de adesão artística à ditadura é o de Nelson Rodrigues, um dramaturgo de grande reputação. Desde meados de 1968 este escritor escreve diariamente uma crônica em dois grandes jornais de São Paulo e Rio, em que ataca o clero avançado, o movimento estudantil e a intelectualidade de esquerda. Vale a pena mencioná-lo, pois tendo recursos literários e uma certa audácia moral, paga integral e explicitamente — em abjeção — o preço que hoje o capital cobra de seus lacaios literários. Quando começou a série, é fato que produzia suspense na cidade: qual a canalhice que Nelson Rodrigues teria inventado para esta tarde? Seu recurso principal é a estilização da calúnia. Por exemplo, vai à meia-noite a um terreno baldio, ao encontro de uma cabra e de um padre de esquerda, o qual nesta oportunidade lhe revela as razões verdadeiras e inconfessáveis de sua participação política; e conta-lhe também que d. Helder suporta mal o inalcançável prestígio de Cristo. Noutra crônica, afirma de um conhecido adversário católico da ditadura que este não pode tirar o sapato. Por quê? Porque apareceria o seu pé de cabra etc. A finalidade cafajeste da fabulação não é escondida, pelo contrário, é nela que está a comicidade do recurso. Entretanto, se é transformada em método e voltada sempre contra os mesmos adversários — contra os quais a polícia também investe —, a imaginação abertamente mentirosa e mal-intencionada deixa de ser uma blague, e opera a liquidação, o suicídio da literatura: como ninguém acredita nas razões da direita, mesmo estando com ela, é desnecessário argumentar e convencer. Há uma certa adequação formal, há verdade sociológica nesta malversação de recursos literários: ela registra, com vivacidade, o vale-tudo em que entrou a ordem burguesa no Brasil.

Falamos longamente da cultura brasileira. Entretanto, com regularidade e amplitude, ela não atingirá 50 mil pessoas, num país de 90 milhões. É certo que não lhe cabe a culpa do imperialismo e da sociedade de classes. Contudo, sendo uma linguagem exclusiva, é certo também que, sob este aspecto ao menos, contribui para a consolidação do privilégio. Por razões históricas, de que tentamos um esboço, ela chegou a refletir a situação dos que ela exclui, e tomou o seu partido. Tornou-se um abcesso no interior das classes dominantes. É claro que na base de sua audácia estava a sua impunidade. Não obstante, houve audácia, a qual, convergindo com a movimentação populista num momento, e com a resistência popular à ditadura noutro, produziu a cristalização de uma nova concepção do país. Agora, quando o Estado burguês — que nem o analfabetismo conseguiu reduzir, que não organizou escolas passáveis, que não generalizou o acesso à cultura, que impediu o contato entre os vários setores da população — cancela as próprias liberdades civis, que são o elemento vital de sua cultura, esta vê nas forças que tentam derrubá-lo a sua esperança. Em decorrência, a produção cultural submete-se ao infra-vermelho da luta de classes, cujo resultado não é lisonjeiro. A cultura é aliada natural da revolução, mas esta não será feita para ela e muito menos para os intelectuais. É feita, primariamente, a fim de expropriar os meios de produção e garantir trabalho e sobrevivência digna aos milhões e milhões de homens que vivem na miséria. Que interesse terá a revolução nos intelectuais de esquerda, que eram muito mais anticapitalistas de elite que propriamente socialistas? Deverão transformar-se, reformular as suas razões, que entretanto haviam feito deles aliados dela. A história não é uma velhinha benigna. Uma figura tradicional da literatura brasileira deste século é o "fazendeiro do ar":* o homem que vem da propriedade rural para a cidade, onde recorda, analisa e critica, em prosa e verso, o contato com a terra, com a família, com a tradição e com o povo, que o latifúndio lhe possibilitara. É a literatura da decadência rural. Em *Quarup*, o romance ideologicamente mais representativo para a intelectualidade

---

* Título de um livro de poemas de Carlos Drummond de Andrade.

de esquerda recente, o itinerário é o oposto: um intelectual, no caso um padre, viaja geográfica e socialmente o país, despe-se de sua profissão e posição social, à procura do povo, em cuja luta irá se integrar — com sabedoria literária — num capítulo posterior ao último do livro.

(1970)

19 princípios para a crítica literária

1. Acusar os críticos de mais de quarenta anos de impressionismo, os de esquerda de sociologismo, os minuciosos de formalismo, e reclamar para si uma posição de equilíbrio.
2. Citar em alemão os livros lidos em francês, em francês os espanhóis, e nos dois casos fora de contexto.
3. Começar sempre por uma declaração de método e pela desqualificação das demais posições. Em seguida praticar o método habitual (o infuso).
4. Nunca apresentar a vida do autor sem antes atacar o método biográfico. Vários acertos podem ser compensados por uma redação horrível.
5. Não esqueça: o marxismo é um reducionismo, e está superado pelo estruturalismo, pela fenomenologia, pela estilística, pela nova crítica americana, pelo formalismo russo, pela crítica estética, pela lingüística e pela filosofia das formas simbólicas.
6. Citar muito e nunca a propósito. Uma bibliografia extensa é capital. Apóie a sua tese na autoridade dos especialistas, de preferência incompatíveis entre si.

7. A argumentação deve ser técnica, sem relação com as conclusões.

8. Não esqueça: o marxismo é um reducionismo, e está superado pelo estruturalismo, pela fenomenologia, pela estilística, pela nova crítica americana, pelo formalismo russo, pela crítica estética, pela lingüística e pela filosofia das formas simbólicas.

9. Resolva sempre sem entrar no mérito da questão.

10. Para as questões de ontologia, Wellek; para as de forma, Kayser, e ultimamente Todorov.

11. A psicanálise está menos superada que o marxismo, mas também é muito unilateral.

12. Não esqueça: o marxismo é um reducionismo, e está superado pelo estruturalismo, pela fenomenologia, pela estilística, pela nova crítica americana, pelo formalismo russo, pela crítica estética, pela lingüística e pela filosofia das formas simbólicas.

13. Afrânio Coutinho e os concretistas introduziram a crítica científica no Brasil.

14. Publique longos resumos de livros sem importância, convença o editor a traduzi-los e o leitor a lê-los. Há quase 700 mil universitários no país.

15. Um doutoramento vale ouro.

16. O semantema glúteo em lingüística moderna tende à polissemia.

17. A crítica de nosso tempo é engajada e autêntica, e não descura de sua vocação profunda, de seu compromisso com o homem no que ele tem de eterno e no que tem de circunstancial, compromisso que irá cumprir resolutamente até o fim. Isto é que é importante.

18. Os livros editados pela Universidade de Indiana e importados pela Livraria Pioneira são importantíssimos. Se pelo contrário você é de formação francesa, não deixe de aplicar o método de Chomsky e Propp. O resultado não se fará esperar.

19. Muito cuidado com o óbvio. O mais seguro é documentá-lo sempre estatisticamente! Use um gráfico se houver espaço.

(1970)

Termos de comparação, de Zulmira R. Tavares

Depois que entrou para o nosso cotidiano, a modernização vem causando uma salada que será certamente secular. Psicanálise, lingüística, sociologia, publicidade, capital, maravilhas de técnica etc., em forma degradada, tornaram-se parte de nosso ambiente natural. No que vão dar, ninguém sabe. Em todo caso, é natural que por ora falte naturalidade a esta segunda natureza, de fabricação tão recente. A falsidade incontornável dos lugares-comuns da modernização, as suas expressões feitas, em que justamente o novo se torna um hábito antigo, são testemunha disso. Para o escritor, contudo, essa linguagem é preciosa (depois de ter sido abominável). São depósitos inconscientes do tempo. E é onde, na minha opinião, tomam pé os escritos de Zulmira.

Até aí, nada de especial, pois a utilização dessa matéria mesclada é um modo hoje comum de captar a marca da modernidade. Entretanto, seu uso corrente é polêmico, seja para denegrir os tempos, seja para exaltar o progresso. Os escritores sabem o que pensam dela, que lhes serve apenas de instrumento. Em *Termos* *de comparação*,* pelo contrário, ela é *habitat*, ambiente "um tantinho estranho" em que é preciso se orientar. São escritos muito raciocinantes e comparativos, um pouco à maneira de João Cabral, mas intencionalmente sem critério familiar: a ironia nasce dos pequenos excessos de credulidade e aplicação, que trazem à berlinda a modernidade — as suas situações, frases, palavras — por um modo que a filosofia da história desconhece. É o caso de um tal Dilermando, cujo dilema virou dilemática. Há nestas páginas um artifício de tolice que suspende as referências, e com elas a vigência de tradição, preconceito e informação, impondo espontaneidade ao juízo e à simpatia. Seu efeito singular e moderno está na vivacidade da reflexão, literalmente desnorteada, buscando prumo no descampado heterogêneo das noções comuns. Será uma inteligência nova? Uma tolice antiga? Uma paisagem lunar? Um depósito de lixo? Comparações, variações, analogias, deduções, arbítrios, tudo em desenho malignamente destacadinho, trazem à cena esta personagem rara e *realmente progressista*, o desejo de raciocinar com os elementos à mão. E hoje, quando é moda abafar o leitor na matéria bruta do grotesco, numeroso e repetitivo, que o nosso cotidiano não deixa faltar, é benfazeja a distância arejada com que Zulmira não lhe retém senão o perfil.

Ora é o raciocínio que tem razão, desagregando o lugar-comum, ora é o contrário, e o raciocínio fica irrisório, flagrado em seu pedantismo, ora ainda o ponto de partida é vazio mas permite uma dedução elegante, que seduz pelo próprio movimento. Este espaço desorientado, em que tolice, achado lírico e duro senso crítico estão indiscerníveis, é a contribuição deste livro, e a posição que ele assinala no relógio dos tempos.

(1971)

* São Paulo, Perspectiva, 1974.

Utopia

A festa estava animada, e já havíamos esquecido o seu pretexto. Cloé, a quem há pouco eu havia sugerido, baixando viva e indicativamente os olhos, que pusesse a mão em meu pinto, está sentada ao meu lado, zangada ainda. Mas penso que refletiu na minha proposta. Fala-se de um concerto de violoncelo que dentro em breve ela dará no Seminário B. Bartók. Sento no chão, e viro-lhe as costas. Enquanto aprecio as dificuldades da situação, sigo atentamente a conversa de uns rapazes, que discutem o preço da soja. Sem mais demora escorrego a mão para dentro das saias dela, e com o dedo médio lhe procuro os pequenos lábios. Cloé, que estava parada, escutando, ficou mais parada ainda, como se fosse de pau. Mas lentamente deixou-se ficar, e começou um balanço ligeiro, como quem considera o que os outros têm a dizer. Breve o meu dedo estava quente e umedecido, e se o tirasse, estaria luzidio. Senti uma grande ternura por Cloé, e tive a certeza de ser correspondido. Neste momento, silenciosa, surpreendente como um tiro de pistola, aparecia Aurora no umbral da porta. Ela tem o segredo destas entradas quietas e vistosas, razão pela qual não a esquecerei jamais.

Fiz-lhe um sinal de silêncio, e com os olhos indiquei o que se passava. Ela levou a mão à boca, inclinou o corpo para trás e arregalou os seus olhos ridentes. Em seguida atravessou a sala, balançando o corpo de modo muito intencional. Estava tendo idéias. Cloé vira-se para mim, e pergunta com amável petulância: — Você permite? Pega-me pelo pulso e, afastando a minha mão, sai para passear pelo jardim. Levantei-me e cruzei com Aurora no centro da sala. — Eu quero alguma coisa no gênero, me disse ela, com um reproche no olhar. Respondi-lhe que não, que estava excitado, e que não era o dedo que eu queria lhe dar. Ela me olha com desprezo, dizendo que neste caso não interessava. É raro que duas pessoas se entendam.

(1972)

Anatol Rosenfeld, um intelectual estrangeiro

Este homem é brasileiro que nem eu.
Mário de Andrade

Quando o Brasil reencontrou o seu futuro, em 1964, Rosenfeld saiu pela colônia judia pedindo aos que estavam alegres que lhe explicassem o que entendiam por fascismo. A resposta era a que esperava, definiam o fascismo pelo anti-semitismo. Lembro da excitação com que ele comentava o caso, que o confirmava nalgum sentimento profundo quanto à dificuldade de aprender alguma coisa neste planeta. Doutra feita, numa roda cuja conversa ia enveredando pelas coincidências estranhas, dessas que não podem ser naturais, ele não teve dúvidas, e saiu-se com a história mais inverossímil de todas. Foi o sinal: se o próprio filósofo, reconhecidamente um cético, contava casos que só a vida dos espíritos explica, não havia mais por que se policiar. Todos contaram o seu. Quando se haviam comprometido bastante, Rosenfeld comunicou à assembléia que estava tudo muito bonito, mas que a história dele era inventada. Contou-me depois que fizera esse mesmo experimento em vários lugares, e que dava sempre certo.

Lembro estes episódios porque mostram o intelectual desabusado, fã da verdade, mesmo quando ela vexa a todos e não serve a ninguém, bem diverso do professor perfeitamente atencioso e sempre construtivo com que o público brasileiro se familiarizou. Aliás, penso que Rosenfeld mudava muito conforme estivesse entre brasileiros ou imigrantes, e talvez mesmo conforme a língua que estivesse falando. Não conheci ninguém mais paciente e socrático, quando falava português. Já em alemão tinha o sarcasmo pronto e gostava de polemizar. Decerto porque só no Brasil se compenetrou da boa vontade metódica e completa que seria a sua marca de professor; enquanto que o alemão fora a língua de sua juventude. Também porque falava alemão às pessoas de sua geração, ou mais velhas, imigrantes como ele, cujo esforço de enriquecer ele não apreciava e de cujas opiniões sobre o país, sobre o judaísmo, sobre Israel e tudo o mais discordava. É fato que na colônia estrangeira havia muita gente que não gostava dele. Por outro lado, entre os seus amigos brasileiros não faltavam moças e moços ricos desde já, cuja catadura, ajudada pelos anos, não ia também ser a mais amena. Mas a estes não criticava. Havia aí dois pesos e duas medidas. Ou melhor, duas situações: falando alemão, entre imigrantes, Rosenfeld era cidadão e briguento, enquanto o português era a sua língua de intelectual com carteira modelo 19.

São coisas para considerar sem frases feitas. É claro que o intelectual imigrante tem de ser prudente em seu juízo, pois lhe falta o domínio das situações e da língua. Mas a questão não é só esta, de familiaridade: além da prudência há o receio de ser destratado, e no fundo deste, o medo — por mais hospitaleiros que sejam o povo e o aparelho de Estado. Medo em última instância de ser posto para fora do país, e medo normalmente de se ver enredado nos melindres de alguma questão patriótica ou de algum costume local. Lembro de minha surpresa e discordância quando, ainda antes de 1964, Rosenfeld preferia não tomar posição diante de assuntos muito "nacionais". Me parecia exagero — logo se viu que não era. Pouco depois Carpeaux, o autor da *História da literatura ocidental*, seria acusado de difundir idéias estrangeiras no Brasil... por um especialista em Literatura Comparada. Além do que seria simplismo supor que a experiência do nazismo não esfriasse os anseios de identificação nacional de um homem inteligente. Custei um pouco a compreender-lhe esta reticência, embora não me faltassem os elementos: aqui e ali, também eu havia sido chamado de judeu, de alemão batata etc., e tivera ocasião de sentir o fino sentimento que estes xingamentos inspiram. Não basta imaginar quanta aversão despertam — a miséria do intelectual diante da boçalidade do mito —, como é preciso imaginar que a todo momento a nova pátria tem pronta para ele, o estrangeiro, uma boa reserva destas duchas; é só encostar no botão errado. Em resposta, condiciona-se um reflexo que manda não provocar e passar ao largo.

Trinta anos depois de chegar, Rosenfeld guardava o comportamento cerimonioso de um visitante. Ouvia escrupulosamente, contribuía com os seus conhecimentos, mas com modéstia e a título de informação, e afirmava pouquíssimo. Era um papel que lhe convinha, pelo aspecto defensivo e adaptativo, e pelo ritual de civilidade a que dava ocasião. Para Rosenfeld, este era parte da vida filosófica. Não falava quase de si, perguntava com gentileza e discrição, e era atencioso até o ponto em que esta qualidade social, sempre apreciável, mudava de natureza, para tornar-se um passo no movimento de conhecer. Uma civilidade muito diferente, limpa de presunção e grã-finagem, que maravilhava ao primeiro encontro (a outros parecia "quadrada"). A suspensão dos pressupostos próprios, que ele praticava com método, era decerto uma forma de ocultação; mas acompanhava-se de uma postura claramente receptiva e "desprevenida", também metódica, que convidava o parceiro à reflexão. Era como se o filósofo se pusesse entre parêntesis, para que o cidadão defronte virasse fenomenologista. E talvez o gosto tão legítimo de se explicar e comunicar com o forasteiro — o alemão instruído e de óculos das histórias de Guimarães Rosa — também ajudasse. Enfim, contrariamente ao que se diz, o formalismo pode ser propício à entrada em matéria: a maneira de Rosenfeld ocasionava amores à primeira vista, e não raro despertava nas pessoas uma intensidade insuspeitada, bem como a despertava em pessoas inesperadas. Acontecia por exemplo que em sua presença as burrices mais consolidadas e compactas se pusessem a raciocinar, enquanto o restante da companhia trocava olhares vexados. Nestas ocasiões Rosenfeld mostrava uma delicadeza perfeita, quase inverossímil. Não traía o interlocutor nem por um segundo, por mais estúpido e demorado que este fosse, e fechava-se à cumplicidade dos demais. Embora sociável e livre de arrogância, era impensável que Rosenfeld se enturmasse, mesmo com os amigos.

É claro que estas atitudes reservadas não se explicam apenas pelos cuidados do estrangeiro. Concordavam com as suas idéias sobre a vida filosófica, e, o que dá quase no mesmo, com a sua repugnância pela vida institucional. Neste como noutros pontos, de posição mais que de filosofia, simpatizava com Sartre. Quando este veio a explicar que recusava o prêmio Nobel porque — razões políticas à parte — não desejava se ver institucionalizado, a Paulicéia inteira protestou contra tamanha presunção. Se não estou misturando lembranças, naquela ocasião Rosenfeld o defendia vivamente. Como ele, guardava a sua liberdade, e recusava para as suas idéias outra caução que a da evidência. E como ele, chocava as pessoas pela simplicidade com que punha em prática as suas convicções. Assim, no sentido institucional da palavra, Rosenfeld não foi ninguém. Além de não se naturalizar, não casou, não montou casa, não foi professor universitário, não foi funcionário público, não teve profissão nem emprego estável. Não queria se enterrar em nenhuma destas especialidades, ainda que ao preço de viver da mão para a boca — dava cursos privados e escrevia ensaios —, sem o consolo de acumular propriedades, sem a segurança de salário, aposentadoria, Hospital do Servidor Público e outras vantagens. Só a gravata e a correção geral escondiam a excentricidade desse comportamento. É o caso de falar em sublimação filosófica de ambições sociais: já que não passava a perna nos outros nem os agredia, tinha um apetite fora do comum pela troca de idéias. Como os heróis de Brecht, gostava de pensar. No mesmo sentido, o conjunto das suas renúncias parecia não ter parte com a infelicidade: vivia muito economicamente, mas sem sombra de ascetismo, e tinha mesmo um traço sibarita. Havia nisto uma espécie de racionalidade elementar, que era um dos efeitos filosóficos mais fortes da sua pessoa. Por outro lado, não dizia mal das instituições de que se esquivara. Fugindo-lhes na prática, também não entrava por elas em teoria — seja por prudência, para não sublinhar a desfeita, seja por delicadeza, pois os amigos inevitavelmente eram casados, ou professores universitários que tratavam de progredir na vida, seja ainda por não julgá-las matéria de filosofia. Neste ponto talvez pagasse um tributo indireto à ordem social, perdendo em desenvoltura crítica onde ganhava em disponibilidade pessoal. A separação entre filosofia e crítica da sociedade, a que parece escapar quem renuncia à carreira de filósofo universitário, voltava pela porta dos fundos. Afinal de contas, o sistema institucional é, em primeiro lugar, a materialização dos interesses (mais ou menos horríveis) da reprodução real da sociedade, e não apenas o coveiro das veleidades individuais. Acrescia o antipsicologismo convicto de Rosenfeld, ligado ao Expressionismo alemão e à Fenomenologia, que fazia parecer indecente a menção das condições empíricas do sujeito. Seu modo de encaminhar a conversa era característico: inteiramente voltado para fora, para o assunto do momento, quem pensava não era especialista, marido, assalariado, candidato à cátedra ou outra pessoa determinada qualquer. Como se nada mais existisse no mundo, as questões eram tomadas e circunscritas bem ao rés da experiência e da conversação, tais quais se apresentavam, desde que — paradoxalmente — se abstraísse das circunstâncias subjetivas da reflexão. Estas no entanto são também objetivas e parte do processo real, além de responsáveis pela contingência na conformação do objeto. Para o bem e para o mal, na relativa ausência dos interesses criados a consideração filosófica tinha algo de exercício analítico. Não estou querendo dizer que fosse preferível um pensamento professoral ou de funcionário, mas que dificilmente os ganhos são líquidos. É como se a simples atenção circunscrevesse um foco, no qual à maneira de um microcosmo as coisas devessem falar por si mesmas, "objetivamente". Daí a pouca afinidade de Rosenfeld com o estilo teórico da psicanálise e do marxismo, que procuram interpretar o dado em continuidade com processos e interesses que ele, dado, manifesta mas não retrata.

Rosenfeld foi dos primeiros intelectuais a viver como *free-lance* em São Paulo. Além de escrever, dava cursos de literatura e filosofia. Habituara-se aos artigos e às aulas de circunstância, que o limparam da chatice inerente à especialização. Prezava a versatilidade, a exposição bem-humorada, e as enxertava na solidez de seus conhecimentos sistemáticos. O resultado era convincente e estranho, algo como um centauro. Nalguma medida a sua maestria expositiva se alimentava desta disparidade. E ele, que jamais se gabava do conhecimento que tinha, orgulhava-se como um campeão das gracinhas com que amenizava escritos e conferências, com efeito aliás muito filosófico. Certamente Rosenfeld não procurava o confronto com os seus colegas da universidade, e teria horror a estas comparações. No entanto, para os estudantes que circulavam nas suas águas e nas da rua Maria Antonia, a comparação era natural. Postos lado a lado com os bons cursos do Departamento de Filosofia, é certo que nos seus havia algo de diletantismo. Diletantismo que não era dele, cuja formação era sólida, mas da própria situação. Eram cursos dados em casa de uns e outros, seguidos de bolo e chá. Reuniam por exemplo futuros médicos, psicólogos, biólogos, sociólogos, advogados, alguns dos respectivos pais e namorados, para aprender rudimentos de epistemologia. O simples fato de se terem reunido era sinal de insatisfação e desejo de distância crítica, sobretudo em relação à profissão. Na Faculdade, o curso correspondente seria mais puxado e ligado à bibliografia recente, já que os alunos estariam ali para isto. Mas viria no quadro da especialização e da competição profissional, e a filosofia, como se sabe, pode ser um ganha-pão bitolado como outro qualquer. Razão pela qual é tão difícil que um professor de filosofia leve uma vida passavelmente arejada pela reflexão. E se é claro em princípio que tecnicidade e interesse filosófico não se excluem, e até se pressupõem, na realidade só raramente andam juntos. Nos cursos de Rosenfeld, que não tinham finalidade de diploma, a matéria de ensino cruzava-se facilmente com o acaso das intervenções, e logo entrava pela atmosfera mais viva do interesse real, que não se acomoda na compartimentação acadêmica das disciplinas. Havia uma admirável capacidade de se deixar interromper e de acompanhar confusões e digressões, sem perder de vista o rumo geral do seminário. Menos pela matéria, que afinal era a de todas as introduções, e mais pela variedade e paciência deste movimento, suas aulas davam uma idéia verdadeiramente apreciável da filosofia, aberta e tão livre de embromação quanto possível.

No final das "Reflexões sobre o romance moderno", peça que representa bem uma de suas fases, Rosenfeld previne o leitor contra o círculo "talvez vicioso" do argumento.* De fato, a oposição que faz entre o romance moderno e o realismo oitocentista, paralela à oposição entre pintura abstrata e figurativa, se move em círculo — um círculo que é de nosso tempo. O realismo ora é a objetividade mesma, caso em que o romance moderno faz figura de perda de perspectiva, ora é uma ilusão ligada à época individualista, e neste caso o romance moderno, em que assistimos à dissolução do sujeito, é a verdade. O século XIX é ingênuo à luz do XX? O XX é um naufrágio à luz do XIX? Os pontos de vista coexistem no ensaio, que se quer "flutuante como um móbile de Calder".** Daí um efeito próprio aos escritos de Rosenfeld, sobretudo aos que interpretam a cultura contemporânea: são muito construídos, mas não em vista de serem conclusivos. Sua posição não está nas teses que expõem, sempre com recuo, como quem cita, mas na experiência real e às vezes contraditória que as manda suspender, por meio umas das outras. Assim, o mais vivo de seu pensamento vem nas reticências, nas numerosas reservas mentais com que Rosenfeld ia animando os seus textos — e não se traduz em discurso positivo. O resultado, muito marcado por Thomas Mann, é algo como a ironização permanente das idéias, a igual distância do intelectualismo e do irracionalismo. Como em Mann, a matéria-prima deste movimento é tomada ao arsenal alemão da filosofia da história e da cultura, cujas construções formulam, em linguagem de *Zeitgeist* e nuvens, os grandes temas da civilização burguesa: trabalho, alienação e ócio, artesanato, trabalho parcelado e vida de artista, sinceridade, fingimento e beleza, disciplina, caos e emancipação, comunidade vs. sociedade etc. São esquemas de estatuto hoje muito particular, pois sendo abstrusos, pela singeleza de sua dia-

* A. Rosenfeld, *Texto/ Contexto*, São Paulo, Perspectiva, 1969, p. 95.
** Idem.

lética, são também atuais e críticos, pelo contato que guardam com a experiência imediata, e fazem efeito alusivo, pelo seu parentesco com Marx e Freud, além de terem valor pedagógico, pois obrigam a pensar a vida social como totalidade. É claro que Rosenfeld não *acreditava*, por exemplo, com Schiller, que a educação estética fosse a solução para os antagonismos da humanidade moderna, ou que estejamos para os gregos como a consciência dividida para a ingenuidade. Se expunha idéias desse tipo, não o fazia a partir do universo delas. Sabia perfeitamente da psicanálise, do capital, da luta de classes, da pesquisa empírica, que eram o seu clima efetivo; além do quê, era de esquerda. A interferência entre estes horizontes, materializada na combinação mais ou menos humorística da construção filosófica com pitadas de informação, observações desabusadas e *close-reading*, está na base de sua literatura, e penso que é o lugar histórico de sua reflexão. Portanto, a questão interessante é outra: por que Rosenfeld não se passava para o campo do freudismo e do marxismo, tão mais próximos e plausíveis, e que afinal de contas haviam dado continuidade materialista aos assuntos da filosofia da cultura? Por que adotava um discurso a que não aderia? Por que preferia conservar o ecletismo de suas fontes? — Como se sabe, marxismo e psicanálise não são brincadeira. Primeiramente porque em sua versão autêntica chamam a exploração e a autoridade pelo nome, o que tem seu preço. Depois, porque são discursos que se querem tanto científicos quanto normativos, o que lhes sobe ainda a voltagem. No século XX vieram a agrupar interesses enormes, oficializaram-se, e a despeito dos muitos cismas conservaram uma noção enfática do monopólio da verdade. Donde a forma sempre inapelável de seus juízos, tão variáveis. Em termos de visão, Rosenfeld obviamente devia muito a Marx e Freud. Mas discordava da ênfase que o discurso deles havia assumido nos seguidores. Não se convencia da cientificidade exclusiva reivindicada pelas análises psicanalíticas e marxistas. Quando adaptadas ao campo literário ou filosófico, lhe pareciam reducionistas. Em *Texto/Contexto* há um longo estudo sobre a aplicação tautológica da psicanálise à crítica de arte. Não escreveu, mas pensava o mesmo da crítica marxista, por exemplo de Lukács, cuja maneira de analisar a cultura em termos de reação e progresso lhe parecia forçada. Mais surpreendente e interessante é que não gostasse de Adorno e Walter Benjamin, cujo marxismo não sofria de injunções disciplinares. Pareciam-lhe rebarbativos na sua originalidade mesma, na maneira minuciosa e extensa que tinham de circular entre a análise formal e a construção de tendências sociais. Rebarbativo lhe parecia também Karl Kraus, que sem ser sociólogo ou marxista havia afinado muito o conhecimento social da literatura. Reagia aos três com irritação, como a uma exorbitância — sobretudo ao tecido muito conclusivo com que ligavam o pormenor artístico ao processo global. Também ele Rosenfeld afirmara sempre a ligação entre cultura e interesses materiais. Mas preferia tê-la como aspecto a ponderar, e não como programa de crítica literária. A tentativa de mostrar a necessidade social, com todo o seu aparato, em coisas tão frágeis e irregulares como um detalhe ou um poema talvez lhe parecesse admissível em tese; na prática, suspeitava nela o desejo de massacre, de trazer para uma área de relativa folga subjetiva a pressão dos conflitos sociais mais violentos. Outros dirão que a dita folga é ideologia, mas de fato há qualquer coisa desproporcionada e antipoética — além de estéril e despótica — em invocar a todo momento o complexo de Édipo e a sociedade de classes para explicar a graça de um livro. Cancelam-se a confiança na experiência do cidadão, o instante de disponibilidade sem o qual não existem, na acepção moderna, arte nem autoconhecimento. Neste sentido Rosenfeld suspeitava toda a dialética, incluída a de Hegel, de ser um *passe-partout* dogmático. A outra face da moeda é que a sua crítica ficava sem termos para precisar o momento de atualidade no seu objeto. Demonstrava-lhe a complexidade, o lugar na tradição artística, mas não lhe explicava o porquê do interesse. — Evoco estes aspectos porque ajudam a compreender que um homem contrário ao capital possa não ser marxista, que um materialista use esquemas próprios ao idealismo, que alguém convencido de historicidade, e da "novidade" do mundo industrial, adote os termos a-históricos da antropologia filosófica. São contingências do progressismo no mundo de cabeça para baixo. As construções da filosofia da cultura davam a Rosenfeld a totalidade, o antagonismo e a teleologia sociais, imprescindíveis ao seu sentimento da vida presente e ao movimento de suas análises. Com elas, ficava do lado da dialética, contra o deserto positivista, e, paradoxalmente, do lado também do bom senso, contra o dogmatismo dialético, já que eram construções meramente indicativas, despojadas que estavam, pelo curso real da história, de qualquer verossimilhança. Naturalmente que Rosenfeld não lhes partilhava o otimismo: a realidade social é teleológica sim, mas resta ver para onde vai — ao que corresponde a consideração flutuante da arte moderna de que falávamos atrás. Um discurso claro, sugestivo, de credibilidade só relativa, agradava a Rosenfeld. Permitia-lhe a interrupção irônica, a consideração de pontos de vista divergentes, o exercício da dúvida, a distância brechtiana em face dos argumentos, coisas que eram para ele momentos-chave do materialismo. Momentos que falta à tradição marxista absorver.

Rosenfeld era grande conhecedor e admirador de Thomas Mann, sobre quem há muitos anos preparava um livro. Como ele, recusava-se a jogar fora a tradição "perigosa" do irracionalismo alemão (os românticos, Schopenhauer e Nietzsche), em que via muita razão; e, ainda como ele, recusava identificar-se à dita tradição, por julgá-la reacionária. Queria uma harmonização "esclarecida" e humorística, em que a interdependência entre as coisas do espírito e as necessidades vitais fosse reconhecida e disposta de modo menos infeliz. A ironia progressista do Mestre — o da fase democrática, posterior à Primeira Guerra Mundial — era um de seus ideais na vida e um de seus modelos literários. Sua outra influência foi Nicolai Hartmann, de quem fora aluno em Berlim. Seja dito de passagem que Hartmann é o único filósofo moderno a que Lukács, em sua última fase, dava valor. Em sua ontologia, se é possível ser tão breve, o mundo é concebido como um conjunto de camadas superpostas, em que as mais elementares sustentam as mais complexas, mas não as explicam. E estas, embora não sejam redutíveis àquelas, acatam-lhes as leis. Assim, a esfera orgânica não desobedece às leis da matéria inerte, que é o seu suporte, mas não pode ser explicada por elas. Analogamente, a esfera espiritual depende das esferas orgânica e inorgânica, mas a causalidade mecânica ou biológica não é suficiente para explicar o seu movimento. Etc. Em seu contexto polêmico, esta posição tanto se opunha ao idealismo quanto ao reducionismo marxista ou biológico. A vida ideológica, p. ex., nem é pura emanação da economia ou dos instintos, nem pode prescindir deles; para existir precisa que eles funcionem. A linhagem materialista e esclarecida destes argumentos, como da ironia de Mann, é evidente. Afirma-se a posição determinante dos interesses materiais e vitais, que não estão para a cultura como o negativo para o positivo. Cabe a esta dar o quadro em que aqueles possam se realizar. Hoje, que a ideologia do capitalismo não é mais ascética, são teses que perderam muito de seu impacto. Para a evolução ulterior de Rosenfeld, contudo, o importante é que não há passagem entre uma tese ontológica, por materialista que ela seja, e um objeto histórico. Em dada época, essa descontinuidade terá parecido uma garantia antidogmática, pois permite sustentar a precedência dos interesses materiais sem obrigar a uma concepção particular dela. Já nos anos 60, por razões extrafilosóficas, o outro lado da descontinuidade é que viria ao primeiro plano: em jargão, tratava-se de um materialismo que não leva à análise concreta de situações concretas. Afinal de contas, poucas linhas bastaram a Freud e Marx para afirmar que o mundo das representações e o dos interesses são interdependentes. Mas em seguida gastaram milhares de páginas para analisar as muitas formas desta interdependência, que são o seu assunto verdadeiro. Desde então, análises desse tipo não filosófico parecem imprescindíveis à integridade da reflexão. Sobretudo nestes últimos anos, quando a tese genérica dos interesses materiais já não é crítica em si mesma, uma vez que o materialismo foi assumido também pela direita.

Depois dos anos de maniqueísmo da Segunda Guerra Mundial, depois dos anos congelados da Guerra Fria, a década de 60 agitou muito as cabeças. Ecos cubanos, ascensão e repressão do movimento popular no Brasil, a evolução inverossímil da guerra no Vietnã, em que as duas partes, cada uma à sua maneira, foram mais longe do que parecia possível, as diferenças russo-chinesas, movimentos de juventude em toda parte, a glória mundial de Brecht: o clima mental estava mudado. No Brasil os estudantes mais vivos se haviam radicalizado e convertido a um vago marxismo. Estudar uma questão era procurar-lhe as raízes sociais. Rosenfeld, que sempre fora de esquerda, sentia-se intelectualmente um pouco fora de sintonia. Foram anos de muita piada e animação, mas cujo ritmo tinha pouco lugar para a ironia, como ele a apreciava, ligada sobretudo à tolerância e paciência diante dos muitos lados de todas as coisas. Uma noite saímos com Hans Magnus Enzensberger, o poeta e crítico alemão, que estava de passagem. Fomos levá-lo ao Teatro de Arena, para ver *Zumbi*. No caminho, Enzensberger explicava que Thomas Mann não dizia mais nada ao nosso tempo, que os autores verdadeiramente contemporâneos eram Brecht, Karl Kraus e Walter Benjamin. Isso deu a Rosenfeld. No entanto, pela força das coisas ele próprio já fizera o mesmo itinerário. Nos últimos anos o seu autor central passara justamente a ser Brecht, cujo teatro e cujas teorias divulgara amplamente, em conferências e bons artigos no *Suplemento Literário* de *O Estado de S.Paulo*. Intervenção e mordacidade vinham substituir a ironia. À fase marcada por Thomas Mann, pela ontologia de Hartmann e pela filosofia da cultura, seguia-se outra, centrada em Brecht, no teatro político e na crítica social. Sem que ele fosse otimista em relação ao socialismo, a Guerra do Vietnã convencera Rosenfeld de que o Imperialismo é o pior de tudo. Suponho que então, acuado, procurasse um discurso de explicação e combate. Assim — há cinco anos não o vejo — vim a saber por uma amiga comum que agora Rosenfeld se dizia marxista. Além do quê, o marxismo heterodoxo de Brecht, alimentado sobretudo de dúvida, de observações sobre a opressão, o apetite e a disciplina, e inimigo de encadeamentos dedutivos, afinava bem como a sua maneira de sempre. Neste período escreveu o seu admirável *O teatro épico*, um manual de qualidade verdadeiramente excepcional. Aos poucos, também porque ensinava na Escola de Arte Dramática, vinha se especializando nestas questões. Através delas ligava-se ao movimento teatral de São Paulo, que lhe parecia original e notável, e do qual participava com aplicação, com brilho e com prazer. Foi este também o campo em que se dispôs a brigar, militando contra a vaga irracionalista que vinha desabando a partir de 1968. Em conseqüência foi chamado de fascista por algum adepto do pensamento antiautoritário, o que não deixa de ter graça. Completava-se o processo de sua naturalização.

(1974)

As casas de Cristina Barbosa

A maneira de Cristina lembra a música de João Gilberto. Como ele, que esfria sambas e boleros e os canta distanciadamente, atento sobretudo ao desenho musical e silábico, Cristina esfria o mundo sentimental da casa de bonecas. Os seus elementos são pobres e comuns, na forma e na idéia, mas tão pobres que são quase ideogramas: janelas, portas, telhados e escadas "em geral" combinam-se e recombinam-se, e com a licença dos filósofos exploram a casinha "em si". A cor chapada dos elementos lhes completa a separação e a estereotipia. Assim, pela via defensiva do simplismo e da infantilidade, Cristina avança na composição com elementos mínimos, e a sua figuração não tem nada de realista. O lugar-comum da imagem e do que ela representa, a forma elementar e muitas vezes pré-fabricada, tomada a um jogo de marcenaria infantil, o colorido forte e contrastado levam ao limite a dissociação e o empobrecimento de uma mitologia obsessiva e abafada — mas para darem espaço ao jogo arejado das relações, a uma combinatória complexa, luxuosa e intelectualizada. É como se a liberdade relacional e despreconceituada do abstrato viesse agora sobrepor-se aos emaranhados simbólicos e afetivos em que se debate o cotidiano, para revolvê-los. Um abstracionismo que se tenha estendido aos significados convencionais, com que joga como se fossem um elemento entre outros. Vejam-se por exemplo as peças em que a perspectiva do desenho não coincide com a profundidade sugerida pela cor, que não coincide com a profundidade exigida pela coisa representada. Desenho, cor e coisa estão em sua versão mais inocente, e todavia afirmam espaços incompatíveis, que só pela subordinação de uns à autoridade de outros se unificariam no espaço homogêneo que nos parece natural. Mas por que preferir o vencedor? Ou vejam-se as peças em que pintura e madeira colada concorrem para um mesmo efeito figurativo, embora a sua maneira de representar seja inteiramente heterogênea. A unidade obtida é abertamente montada e não natural, e depende de assentimento. São discrepâncias próprias à pintura moderna, que pôs a nu a natureza compósita e hierarquizada — segundo critérios que o nosso tempo iria questionar — da percepção. Porém, já não somos contemporâneos do cubismo e dos primeiros vanguardistas, que na figura haviam analisado, e depois abandonado, um aglomerado de certezas e servidões acumuladas pelos séculos. Sessenta e cinco anos depois somos testemunhas de que a chamada realidade sobreviveu ao processo que lhe moveu a pintura. Ou melhor, que evoluíram juntas, menos conflitivamente do que a história dos escândalos artísticos faz supor. É que os pintores não estavam sozinhos quando descobriam que a percepção é um campo de batalha, de interesses ideológicos e outros. Com eles vinham, cada um à sua maneira, os psicólogos, psicanalistas, gestaltistas, teóricos da arte, designers, sociólogos, e também os publicitários, mercadologistas etc. Reconsiderado à luz exclusiva da "comunicação", o conjunto deste trabalho aproveitava à circulação do capital, que o incorporava para refazer a cara. Em conseqüência, em nosso mundo fabricado e, sobretudo, comercializado, o visível veio a ser objeto de manipulação e arregimentação — e simplificação, com vistas à eficácia comunicativa — numa escala sem precedentes. Coube ao pop, com que se aparenta Cristina, resumir a situação e responder-lhe, contramanipulando ou simplesmente manipulando matérias em que a percepção já fora manipulada. Distanciava-se assim da indigência, sem sair propriamente dela (leiam-se a respeito os argumentos de José Guilherme Merquior, em *Formalismo e tradição moderna*). Donde a sensação tão particular de quase lixo que deixam as peças deste movimento, que na ausência de matéria não intencional fazem pensar em total conformismo tanto quanto em total liberdade. — Isso posto, onde há manipulação há também interesses vivos e menos simples, que ela irá manipular. No pop de Cristina, que não é de denúncia, eles não são postos em derrisão, e são elementos de poesia e complexidade. Idéia fixa, variação serial, casa de bonecas, ascese, exploração do arquétipo doméstico, indiferença aos assuntos prestigiosos, obediência a uma corrente da moda, amor ao bonitinho, distância irremediável, resíduo afetivo, redução estética etc., de tudo isso o trabalho de Cristina tem um pouco. Manipuladíssima, a caducidade da vida e da imaginação ligadas ao "lar" dá a massa de lugares-comuns e de indigência moderna necessária ao desapego pop (diga-se de passagem que estas peças foram concebidas nos Estados Unidos, o país do nomadismo familiar e das casas de Hopper). Entretanto, arrumadas com o infinito escrúpulo de uma composição abstrata, estas imagens não fazem figura apenas de sucata histórica, e apesar de reduzidas, atrofiadas, distanciadas etc., têm um resíduo espontâneo que as cobre de nostalgia. É como se no campo liberto da modernidade, em que não apareceram casas novas que agradem, alguém lembrasse das antigas, com afeição, mas sem ilusões.

(1975)

Cuidado com as ideologias alienígenas

(*Respostas a* Movimento)

PERGUNTA: Na sua opinião, qual a importância do influxo externo nos rumos da vida ideológica do Brasil?

RESPOSTA: A importância foi e é enorme. Mas antes de mais nada esta questão precisa ser vista sem primarismo. Nem tudo que é nacional é bom, nem tudo que é estrangeiro é ruim, o que é estrangeiro pode servir de revelador do nacional, e o nacional pode servir de cobertura às piores dependências. Assim, por exemplo, nada mais aberto às influências estrangeiras do que o Modernismo de 1922, que entretanto transformou a nossa realidade popular em elemento ativo da cultura brasileira. Enquanto isto, o nacionalismo programático se enterrava no pitoresco, e muito sem querer assumia como "autênticos" os aspectos que decorriam de nossa condição de república bananeira.

Isso posto, a resposta é diferente nas diferentes esferas da cultura. Algum tempo atrás tive o prazer de discutir o assunto com Maria Sylvia de Carvalho Franco. Na opinião dela, a noção de influxo externo é superficial e idealista, pois idéias não viajam, a não ser na cabeça de quem acredite no "difusionismo" (uma teoria antropológica que dá muita importância ao processo da difusão cultural). Idéias, segundo Maria Sylvia, *se produzem socialmente*. De minha parte, não vou dizer que não, mas continuo achando que elas viajam. No que interessa à literatura brasileira do século XIX, acho até que viajavam de barco. Vinham da Europa de quinze em quinze dias, no paquete, em forma de livros, revistas e jornais, e o pessoal ia ao porto esperar. Quem lida com história literária — ou, para dar outro exemplo, com história da tecnologia — não pode fugir à noção do influxo externo, pois são domínios em que a história do Brasil se apresenta em permanência sob o aspecto do atraso e da atualização.

É certo que atraso e atualização têm causas internas, mas é certo também que as formas e técnicas — literárias e outras — que se adotam nos momentos de modernização foram criadas a partir de condições sociais muito diversas das nossas, e que a sua importação produz um desajuste que é um traço constante de nossa civilização. Em perspectiva nacional, esse desajuste é a marca do atraso. Em perspectiva mundial, ele é um efeito do desenvolvimento desigual e combinado do capitalismo, de que revela aspectos essenciais, donde o seu significado "universal". Noutras palavras, não inventamos o Romantismo, o Naturalismo, o Modernismo ou a indústria automobilística, o que não nos impediu de os adotar. Mas não bastava adotá-los para reproduzir a estrutura social de seus países de origem. Assim, sem perda de sua feição original, escolas literárias, científicas e Volkswagens exprimiram aspirações locais, cuja dinâmica entretanto era outra. Daí uma relação oblíqua, o já citado desajuste, que aliás é um problema específico para quem estuda a literatura de países subdesenvolvidos. São necessários ouvido e senso da realidade para perceber as diferenças, e sobretudo para interpretá-las. Por exemplo, Araripe Jr. observa que o nosso Naturalismo não era pessimista como o europeu; Antonio Candido nota que os primeiros baudelairianos brasileiros eram rapazes saudáveis, rebelados contra a hipocrisia dos costumes sexuais, e Oswald e os tropicalistas puseram o dito desajuste no centro de sua técnica artística e de sua concepção do Brasil. São problemas para encarar sem preconceito: em certo plano, é claro que o desajuste é uma inferioridade, e que a relativa organicidade da cultura européia é um ideal. Mas não impede noutro plano que as formas culturais de que nos apropriamos de maneira mais ou menos inadequada possam ser negativas também em seu terreno de origem, e também que, sendo negativas lá, sejam positivas aqui, na sua forma desajustada. É questão de analisar caso por caso. Assim, não tem dúvida que as ideologias são produzidas socialmente, o que não as impede de viajar e de ser encampadas em contextos que têm muito ou pouco a ver com a sua matriz original. Para chegar aos nossos dias, veja-se o estruturalismo, cuja causa filosófica "interna" foi 1964, que pôs fora de moda o marxismo, o qual por sua vez também é uma ideologia "exótica", como gostam de dizer as pessoas de direita, naturalmente convencidas da origem autóctone do "*fascio*". E quem garante que ao se naturalizarem no Brasil estas teorias não tenham elas também mudado um pouco de rumo? É um assunto interessante, para quem gosta de mexer em vespeiro. Estudando "A nova geração" (1879), Machado de Assis dizia que "o influxo externo é que determina a direção do movimento; não há por ora no nosso ambiente a força necessária à invenção de doutrinas novas". Noutras palavras, o país é novo, e o influxo externo contribui para o atualizar e civilizar. Muitos anos antes, a propósito do projeto para uma história do Brasil com que o alemão Von Martius ganhara o prêmio do Instituto Histórico, escrevia um anônimo no *Ostensor Brasileiro* (1846): "A Europa, que nos manda nosso algodão fiado e tecido [...] manda-nos até indicar a melhor maneira de escrever a história do Brasil" (devo a citação a Luiz Felipe de Alencastro). Era o nexo entre a exploração econômica (exportação de matéria-prima e importação de manufaturados) e a subordinação ideológica que madrugava. Noutras palavras, o influxo externo indica relações desiguais e tem dimensão política. Do ponto de vista de nossas elites, as duas apreciações estão certas, comportando um impasse. O influxo externo é indispensável ao progresso, ao mesmo tempo que nos subordina e impede de progredir. São contradições do subdesenvolvimento: o país é capitalista, e obrigatoriamente se mede pelo metro do progresso capitalista, mas este progresso não está ao seu alcance, pois a divisão internacional do trabalho lhe atribui outro papel, um papel que à luz deste mesmo progressismo parece inadmissível.

Por outro lado, retomando o nosso fio, a documentação básica da pesquisa de Maria Sylvia são processos-crime de Guaratinguetá no século XIX, um material ligado ao aspecto mais estático da sociedade brasileira (o homem pobre na área do latifúndio), em que o influxo ideológico da Europa contemporânea não seria um elemento decisivo. Assim, divergências teóricas monumentais podem originar-se, ao menos em parte, na diferença muito casual dos assuntos em que uns e outros se especializam. Seja como for, fica claro que o problema se põe diferentemente nos vários domínios da vida social.

Quem diz influxo externo está pensando em termos de nacional e estrangeiro, e em nosso contexto é provável que esteja pensando na alienação cultural que acompanha a subordinação econômica e política. São fatos irrecusáveis. Entretanto, se forem traduzidos em linguagem apenas nacionalista, enganam e podem dar resultado contrário ao desejado. Em sentido estrito, é claro que hoje em dia as independências econômica, política e cultural não só não existem como são praticamente inconcebíveis. O que existe de fato são formas diferentes de interdependência, como dizia para outros fins o marechal Castelo Branco, formas que naturalmente interessam a camadas diferentes da população. É verdade que o nacionalismo desperta muita combatividade, mas não é menos verdade que ele é discreto na especificação e na análise dos interesses sociais. Uma lacuna que em minha opinião é a principal em nossas letras críticas. O problema portanto não é o de ser a favor ou contra o influxo externo, mas o de considerá-lo (bem como a tradição nacional) de uma perspectiva popular.

Aliás, a influência externa toma feição caricata sobretudo quando falta esta perspectiva.

PERGUNTA: Houve mudança significativa do século XIX para cá, em termos da combinação entre as influências ideológicas externas e a nossa prática capitalista?

RESPOSTA: Com certeza houve, mas eu não seria capaz de precisar rapidamente. Por outro lado, há também as continuidades. Impossível, na segunda metade do século XIX, uma defesa entusiasta e brilhante da escravidão, que entretanto era a instituição fundamental de nossa economia. Havia um morto embaixo da cama dos nossos inteligentes, cujo universo mental mal ou bem era balizado pela Revolução Francesa. Por razões parecidas, os elogios do modelo atual só podem ser tecnicistas, cínicos ou primários.

PERGUNTA: Na época do capitalismo nos moldes clássicos europeus, a ideologia era designada por "falsa consciência" e tinha como função ocultar os reais mecanismos da vida social. Nestes termos, qual seria a função da ideologia no caso brasileiro?

RESPOSTA: Ideologia, nesta acepção, é um fato da era burguesa. Uma concepção aparentemente verdadeira do processo social no conjunto, que entretanto apresenta os interesses de uma classe como sendo os de todo mundo. O exemplo mais perfeito é a ideologia liberal do século XIX, com as suas igualdades formais. Note-se que a ideologia neste sentido tem de ser verossímil no tocante às aparências, a ponto de fazer que mesmo os prejudicados se reconheçam nela. Noutras palavras, pela sua existência mesma a vida ideológica presume que as pessoas se integrem no processo social através de convicções refletidas, e não da força bruta (o que faz dela um bem, além de uma ilusão). Ora, é claro que não era pelas idéias que o escravo se integrava em nosso processo, e que nesse sentido a universalização ideológica dos interesses dos proprietários era supérflua. Daí os aspectos ornamentais de nossa vida ideológica, sua localização inessencial e sua esfera relativamente restrita. Em nossos dias a situação é outra, mas nem tanto. Acredito com a Escola de Frankfurt que a ideologia principal do capitalismo moderno está na massa das mercadorias acessíveis e na organização do aparelho produtivo, ao passo que as idéias propriamente ditas passaram para o segundo plano. Ora, se é claro que no Brasil a ideologia consumista existe, é mais claro ainda que não é ela que acalma os que não consomem. Em certo sentido muito desagradável, há menos ideologia e mais verdade.

PERGUNTA: A reflexão sobre os países periféricos traria alguma vantagem à crítica do capitalismo em geral?

RESPOSTA: Em primeiro lugar, no sentido óbvio, de que o subdesenvolvimento é parte do sistema. Depois, porque o caráter inorgânico e reflexo da modernização na periferia faz que o desenvolvimento das forças produtivas apareça de um ângulo diferente. Uma coisa é o processo social em que a grande indústria se criou, e outra é o transplante mais ou menos deliberado de seus *resultados*. Em minha impressão, a novidade mais interessante destes últimos anos é a análise crítica do aparelho produtivo moderno (econômico-técnico-científico), cuja neutralidade política vem sendo posta em questão. São idéias que já afetaram profundamente a nossa compreensão dos países adiantados, e que devem a sua irradiação mundial a um país dos mais atrasados, que está procurando outro caminho para a sua industrialização, diferente do modelo que o capitalismo clássico criou. Fomos habituados a considerar a massa trabalhadora do ponto de vista da industrialização, o que corresponde às relações correntes de poder. Em caso porém de a massa exceder de muito o raio das possibilidades industriais, e em caso sobretudo de ela pesar efetivamente, é a industrialização que será considerada do ponto de vista dela, o que abre uma área de problemas e um prisma analítico originais: as formas de dominação da natureza não são progresso puro e simples, são também formas de dominação social. É interessante notar que essa mesma análise da função centralizadora, autoritária e ideológica da grande indústria (produtivismo) — naturalmente com menos repercussão — já fora feita pela Escola de Frankfurt, que, como gostam de dizer as pessoas politizadas, não tem contato com a realidade. É claro que a linha do Brasil é outra. Quem lê jornais brasileiros depois de uma temporada fora leva um susto: metade é progresso, metade são catástrofes e as suas vítimas. Há um livro imortal esperando um brasileiro disposto: uma enquete corajosa e bem analisada sobre a barbaridade destes nossos anos de progresso.

PERGUNTA: Na época do populismo, nossos intelectuais se preocuparam mais com os impasses do capitalismo periférico do que com as possibilidades da sua transformação. A seu ver, esta situação ainda persiste?

RESPOSTA: Persiste, e é natural. O que não é natural é que ao falar em transformação só se fale em generalidades. Falta entrar no detalhe, submeter as teorias ao teste real, ao teste da desigualdade monstruosa e variadíssima do país. Se não há solução em vista, é uma razão a mais para imaginá-la. Não a partir de teses gerais, mas dos dados os mais desfavoráveis da realidade.

PERGUNTA: Uma leitura ingênua de seu ensaio "As idéias fora do lugar" não poderia concluir que toda ideologia, inclusive as libertárias, seria uma idéia fora do lugar em países periféricos?

RESPOSTA: Este aspecto existe. Idéias estão no lugar quando representam abstrações do processo a que se referem, e é uma fatalidade de nossa dependência cultural que estejamos sempre interpretando a nossa realidade com sistemas conceituais criados noutra parte, a partir de outros processos sociais. Neste sentido, as próprias ideologias libertárias são com freqüência uma idéia fora do lugar, e só deixam de sê-lo quando se reconstroem a partir de contradições locais. O exemplo mais conhecido é a transposição da seqüência escravismo-feudalismo-capitalismo para o Brasil, país que já nasceu na órbita do capital e cuja ordem social no entanto difere muito da européia. Mas o problema vai mais longe. Mesmo quando é magistralmente aproveitado, um método não representa o mesmo numa circunstância ou noutra. Por exemplo, quando na Europa se elaborava a teoria crítica da sociedade, no século XIX, ela generalizava uma experiência de classe que estava em andamento, criticava uma ciência que estava no apogeu (a Economia Política), dava continuidade a tradições literárias e filosóficas etc. Noutras palavras, a teoria da união da teoria e da prática fazia parte de um poderoso movimento neste sentido. Por complicadas que sejam as suas obras capitais, elas guardam contato com as ideologias espontâneas (e também com as ideologias críticas) de sua época, o que aliás é um dos critérios distintivos da verdadeira análise concreta. Para passar ao Brasil, vejam-se os livros fundamentais de nossa historiografia. Mesmo quando são excelentes, o seu contato com o processo social é de uma ordem inteiramente diversa. As circunstâncias são outras. São aspectos que é preciso levar em conta, pois, do ponto de vista materialista, a teoria é parte também da realidade, e a sua inserção no processo real é parte do que concretamente ela é.

PERGUNTA: O uso da paródia como meio privilegiado de expressão em nossa cultura não correria o risco de trazer uma postura contemplativa?

RESPOSTA: Não vejo por quê. A paródia é das formas literárias mais combativas, desde que a intenção seja esta. Por outro lado, um pouco de contemplação não faz mal a ninguém. Além do quê, em países de cultura importada a paródia é uma forma de crítica quase natural: a explicitação da inevitável paródia involuntária (vide a "Carta pras icamiabas"). Acresce que a bancarrota ideológica em nossos dias é extraordinária e mais ou menos geral, o que também se traduz em paródia. Proust, Joyce, Kafka, Mann, Brecht, todos foram consumados parodistas. Entre nós, Machado, Mário, Oswald, e hoje Glauber e Caetano.

PERGUNTA: É necessário estar em perfeita sintonia com o que ocorre nos centros hegemônicos para sacar os meandros de nossa vida sociocultural?

RESPOSTA: Depende naturalmente do objeto de estudo. É ele que define o raio dos conhecimentos indispensáveis. Como entretanto a importação de formas é parte constante de nosso processo cultural, é claro que não basta conhecer o contexto brasileiro. É preciso conhecer também o contexto original para apreciar a diferença, a qual é uma presença objetiva, ainda que um pouco impalpável, em nossa vida ideológica. Por isto, a nossa historiografia tem de ser comparativa. Seria interessante por exemplo que um cidadão com boa leitura traçasse um programa de estudos comparativos necessários ao conhecimento apropriado da literatura brasileira. Isto no plano pacato da pesquisa universitária. Já no plano da interpretação da sociedade contemporânea, que afinal de contas é o que interessa mais, hoje é muito mais fácil estar em dia com a bibliografia internacional do que com a realidade do Brasil. Esta última dificuldade não é só acadêmica. Se a experiência histórica de setores inteiros do país é atomizada e não soma, como conhecer o seu sentido? Para ficar num aspecto secundário da questão, todos emburrecemos.

(1976)

Revisão e autoria

14/xi/1977

Caro Editor,
    obrigado pelo *A lata de lixo da história*. Achei a capa e o aspecto geral do livro muito simpáticos, e a alegria foi grande. Isso posto, não zangue comigo, mas a revisão está uma desgraça. Não porque tenham escapado muitos erros, embora estes existam: além das coisinhas mínimas, falta uma fala inteira (p. 49), faltam asteriscos entre duas cenas diferentes, que ficam parecendo uma só (p. 39), e bem na frase final está "traição" onde deveria estar "tradição". Mas até aí nada de excepcional. Acontece, porém, que o revisor fez mais de *duzentas* modificações no texto que mandei.
    São modificações na pontuação, alterações na ordem da frase, substituições de palavras, acréscimos ao texto, reformulações, e até mesmo modificações em versos.
    De modo geral procuro virgular pouco, pois gosto mais de me apoiar no movimento da frase que na pontuação. Já o meu re-

visor é de opinião contrária, e encheu o trabalho de vírgulas. Não é o fim do mundo, mas é certo que ele com isso desfigura um ritmo que eu procurei afirmar. Por outro lado, ele não gosta de travessões, e suprimiu boa parte dos que eu coloquei. Às vezes a diferença é pouca, mas às vezes sai um sentido inteiramente outro. Por exemplo, em passagens em que a palavra está com a multidão. As intervenções são lançadas por anônimos diversos, o que indiquei com um travessão diante de cada frase. Eliminados os travessões, fica parecendo que se trata de um discurso só, e perde-se a dispersão. Para encurtar: há trocas de pontos de exclamação por ponto-e-vírgula, de reticências e pontos finais por travessões, de interrogações por vírgulas, há supressão de aspas etc.

Que dizer das reformulações? O revisor deve achar que são oportunas; eu acho descabidas, e sempre prejudiciais à brevidade e energia da linguagem. Em várias ocasiões revelam incompreensão e produzem contra-senso. É o que acontece, por exemplo, quando a palavra "ventania" muda de lugar na frase. Originalmente, ela indicava o zumbido que anuncia a chegada da repressão. Na frase corrigida, o palco é varrido por uma ventania de verdade, que não tem nada a ver com o peixe. Na mesma página, uma intercalada divide em dois a "concha do desvario", o que é uma gracinha do autor. O revisor substituiu a intercalada por um ponto final, de modo que ficou a concha numa frase, o desvario em outra, e o sentido desapareceu.

A exemplo de Brecht, procurei aqui e ali implicar o gesto e a marcação dramática na própria fala, sem indicá-los em separado, o que à primeira vista faz o efeito de uma pequena charada. Esse procedimento obriga a uma leitura mais imaginativa e cênica. O revisor achou obscuro, e intercalou as devidas marcações, entre parêntesis, para que o leitor saiba se Bacamarte está se dirigindo ao público ou à esposa (p. 33). Ainda na esteira de Brecht, faço que a personagem ora fale em seu próprio nome, ora se distancie da situação e de si mesma, comentando o caso diretamente com o público. Assim, o padre Lopes conspira contra Bacamarte no presente do indicativo, o que não impede que na frase seguinte, passando para um registro distanciado e narrativo, ele se refira à mesma figura no imperfeito: "Por sorte o sábio era casado". O revisor achou incoerente, e passou o verbo para o presente, o que liquida o movimento que eu queria dar (p. 52). Um exemplo final: "jacaré" rima com "pé", mesmo que estas palavras não sejam as últimas em seus respectivos versos. Receando que a rima passasse despercebida, o revisor deu aos versinhos uma disposição mais óbvia (p. 50).

Dando um balanço nas modificações, acho que elas obedecem um critério. Onde procurei puxar pela inteligência e vivacidade do leitor, o meu revisor procurou facilitar e entregar mastigado. As intenções são opostas, e é evidente que ele não tinha o direito de me impor a dele. Digo isto sem propósito de ofender, pois imagino que se trate de pessoa de boa vontade, como denotam a intenção de ajudar e o capricho com que se dedicou a ela. Não penso evidentemente que a sua colaboração tenha o sentido da censura. Mas acho que ela encerra um mal-entendido, e que ela é *atrasada*, contrária em tudo ao espírito da literatura moderna, que é de diferenciação. O resultado acaba sendo uma censura pouco estrita, exercida em nome da facilidade e da escrita costumeira.

Textos literários não são sagrados, e sei que um trabalho de revisão pode ser útil e até criativo. Isto desde que haja discussão e a última palavra esteja com o autor. O que é inaceitável é modificar sem consultar. Em primeiro lugar, porque é uma questão de direito e responsabilidade do autor. Em segundo, porque o resultado só pode ser a banalização literária.

O que fazer? Noutro país ou com outra editora, armar um escândalo. Pensando na Paz e Terra, não é o que me ocorre. Sou mais amigo de sua intervenção corajosa na cena brasileira que de minha peça de teatro. Assim, para dar uma satisfação ao leitor, a mim mesmo e à Editora, que imagino de acordo com estas observações, proponho que você publique esta carta nos próximos *Cadernos de Opinião*. São assuntos óbvios, sobre os quais entretanto é melhor que exista acordo explícito.

Para alguma coisa o meu modesto desastre terá servido.

Muito cordialmente, seu amigo

Sobre as *Três mulheres* de três PPPês

ao B.

Em arte, só quem rompe um código se conforma ao código da modernidade. Ocorre que todos agora nos queremos modernos, e que, no fundo, ninguém mais se apega a código nenhum. Segue-se que a situação da vanguarda fica muito facilitada, ao mesmo tempo que se complica. É claro que não é o caso de voltar atrás, o que aliás nem seria possível, pois o tradicionalismo técnico já não se encontra e não é mais um adversário de primeira linha. Sua existência é um resíduo provinciano, e dia-a-dia está mais evidente o parentesco, e não o antagonismo, entre a inovação pela inovação e o movimento geral da sociedade. Basta pensar na produção pela produção, na revolução tecnológica e científica, e na vocação modernista da publicidade. Noutras palavras, quando se confina à dimensão técnica, o radicalismo experimental é hoje uma atitude benquista e alienada como outras. À semelhança do que se passa no campo das forças produtivas, o progresso técnico em estética chegou a um impasse. Assim, talvez o rigor agora não esteja na destruição (redundante) de linguagens que já não resistem, mas na capacidade de tirar um partido vivo, tão a par das coisas e sem prevenção quanto possível, desta terra de ninguém que é o nosso habitat atual.

À primeira vista o livro de Paulo Emílio* é um divertimento, de muita qualidade mas convencional. Três novelas conjugais, de enredo picante, cheio de surpresas e suspense. Contudo, esta armação é tratada com recuo. Ela serve ao gosto maldoso do autor pelas situações acanastradas, e sobretudo à sua simpatia — esta sem maldade — pelos movimentos vivazes, ainda quando sejam tontos. Aliás, a vivacidade na bobagem parece encerrar para Paulo Emílio alguma coisa preciosa, um atestado de vida e imaginação em regiões que se julgariam mortas (no campo da crítica de cinema, o seu entusiasmo pelo mau filme nacional talvez tenha a ver com isto). Noutras palavras, os recursos do suspense e os dramas familiares estão em primeiro plano, mas distanciados, e tratados dentro de um espírito imprevisto. Seu convencionalismo está entretecido com a prosa esplendidamente desabusada e flexível do autor, que paira como uma enorme risada sobre a estreiteza do assunto e a obviedade dos andaimes narrativos.

Esta mesma distância aparece no interior do estilo. Trata-se da imitação de uma prosa solene, muito paulista segundo o parecer de uma observadora — mas quem imita é um espírito moderno, experiente, de esquerda e antifamília ("Sou um liberal conservador, respeito a tradição alheia mas em matéria de família sou subversivo e não suporto a minha." [p. 112]). O pastiche reúne à elegância uma dimensão cara-de-pau, de farsa grossa, que é do melhor efeito. Há também uma lembrança de Surrealismo na gravidade com que a prosa meticulosa e muito sintática acolhe asneiras escolhidas a dedo.

---

* Paulo Emílio Salles Gomes, *Três mulheres de três PPPês* (1977), São Paulo, Cosac Naify, 2007.

Contrariedades conjugais, viravoltas do enredo, prosa engomada, são questões que o Modernismo liquidou. E de fato, Paulo Emílio não as liquida uma segunda vez. Pelo contrário, ele as invoca, dentro mesmo da vigência indigente que na prática elas conservaram, para expô-las ao vexame de uma reiteração aprimorada. Aí a sua atualidade literária, a qual decorre de razões que a crítica mais adiantada não costuma reconhecer.

É certo, ao menos em parte, que a linha mestra da vanguarda esteve na ruptura de convenções artísticas, donde a reputação tecnicista e de obscuridade que acompanha os seus melhores produtos. Entretanto, este aspecto saliente não é tudo. Atrás da ruptura tem de estar uma atividade crítica mais ampla e menos especializada, à luz da qual a inovação técnica apareça como um avanço. Esta atividade, que se poderia chamar a envergadura intelectual do escritor, não necessita ter existência literária separada, e nos habituamos mesmo a dizer que ela não importa (isto para escapar ao problema que põem os artistas de direita, e os que não sabem se explicar). Entretanto ela representa, na esfera pessoal, o esforço de veracidade e razão cujo efeito liberador apreciamos no plano da invenção artística. São as qualidades pessoais do vanguardista, que podem ser produtivas esteticamente, mas que têm existência também extra-estética, digamos civil. Pois bem, é nesta qualidade extra-estética que Paulo Emílio as incorpora à sua arte literária. Esta se alimenta diretamente da liberdade de espírito de um homem agudo e vivido, e a transforma em valor poético imediato, o que aliás também é uma solução formal, justamente a que nos interessa. Daí, seja dito de passagem, um clima de inteligência pouco freqüente em nossas letras, tão voltadas para o passado, a região e as proezas de linguagem. Digamos, no caso, que a forma um pouco antiga é usada como barragem, que a cada frase faz saltar e perfilar-se o espírito libertário do autor, o que é um belo espetáculo. Aí enfim a sua atualidade: no momento em que o experimentalismo técnico parece relativamente domesticado e recuperado, é no espírito crítico enquanto tal que se refugia a verdadeira modernidade, que paradoxalmente pode até se apoiar numa aparência de convencionalismo formal. São raciocínios que parecem dialética para boi dormir, mas o leitor faça a experiência de comparar a prosa de Paulo Emílio à de nossos vanguardistas diplomados, e verá de que lado está o espírito moderno.

Três mulheres lê-se com uma curiosidade incrível. Esta se deve um pouco ao suspense da narrativa, e muito, em minha opinião, ao desejo de obter revelações a respeito do assunto, cujo interesse prático não podia ser maior. Trata-se do livro de um grande conhecedor do terreno conjugal, e as suas formulações incisivas são numerosas nessa matéria. Como na literatura do século XVIII, e mais recentemente em Proust, o gosto de fazer a luz está em primeiro plano. A prestança intelectual requerida por este gênero mais robusto, em que a imaginação e a prática estão aliadas, é exterior à especialização artística. O leitor se convence de que está diante de um mestre, e que tem interesse em aprender.

Por outro lado, esta valorização não-estética do assunto e da força intelectual do escritor tem também ela conseqüências formais: a prosa de ficção de Paulo Emílio é de ensaísta, e não de "artista". Esta observação parece talvez errada, dados os elementos de artifício e vaudevile da narrativa (as coincidências, os enigmas a que o final traz resposta, as repetidas viravoltas de perspectiva, o precipitar dos acontecimentos, o suspense etc.). Aí porém o paradoxo, pois é acentuando aqueles elementos que o autor lhes corta a primazia. A despeito da muita movimentação, a situação fictícia não é mais que um suporte, comicamente arbitrário e anacrônico, da dimensão reflexiva e documentária. Por uma via inesperada, a literatura de Paulo Emílio obedece à tendência geral da vanguarda, para a atrofia da ficção. Ou melhor, para a "racionalização" desta, que se concebe como simples instrumento de sondagem.

Entretanto é preciso qualificar este quadro, e ajuntar que a maestria no caso não dá solução nem significa superioridade. Esta última existe, mas em estado de dispersão, por assim dizer para ninguém, e é seu beneficiário quem não existe (o que reconfirma, dentro mesmo da busca da excelência, a proibição moderna da personagem positiva). A prosa é de mestre, mas quem a formula são personagens escolhidamente patetas, envolvidas com numerologia, imagens de santos, encômios à dama paulista e outras manias. O senhor que redige a última história passa o melhor de suas tardes olhando para os ladrilhos de um bar, em que está pintada uma menina que segura um peru. *Entre a limitação das personagens e a inteligência de sua escrita o desacordo é total, e a conjunção é forçada.* Este é o X estético do livro.

No plano da verossimilhança elementar, é talvez um defeito, com repercussões: a proximidade da piada é excessiva, e persegue um pouco a leitura. Noutros planos entretanto a sua poesia, se é possível dizer assim, é inegável além de inesperada. A clarividência que não capitula diante da estupidez mas tampouco lhe desarma os dispositivos representa, em si mesma, um sentimento da vida. Com deliberada isenção, o espírito plana sobre o desenrolar de sua existência privada, em que não falta o primarismo. Há nisto uma superioridade sem presunção de redentora, uma aceitação do que é da contingência, que são façanhas humanas e literárias. Tanto mais que este desapego é sem degradação, pois não tendo ilusões sobre o que podem a lucidez e a liberdade, as preza ao máximo.

Digamos enfim que este desacordo é expressivo também de uma contradição mais particular e de classe. A visão abrangente e sintética a que se ergueu a inteligência burguesa, em sua fina flor, tem de se acomodar às finalidades acanhadas de sua vida real. Em palavras do narrador da segunda história, "meus sonhos juvenis de suprema elegância, poder e cultura, tinham se reduzido a um nível bem paulista" (p. 40). No essencial, trata-se de uma forma em que "eu" é um outro. Vejam-se neste sentido as expressões comprometedoras ou ridículas com que o narrador, naturalmente porque o autor quer assim, deixa mal a sua reputação e a de sua classe social. Por exemplo, quando se diz "um defensor da ordem política e social, o que realmente sou mas no terreno das idéias, não em funções ativas de alcagüete" (p. 91); quando menciona a Rússia, "país que me assusta e a respeito do qual falo o menos possível" (p. 110); quando lembra com orgulho o nome que lhe dava a mulher, de "doutorzão", em vista de seu calibre (p. 92); quando se confessa antigo fascista e admirador de Hitler (p. 11); quando vê na construção de novos hospitais um sinal de decadência da saúde popular etc. (p. 98). Desamparados do contexto, estes exemplos não dão idéia suficiente do gosto pelo insulto, ainda que indireto, presente nestas novelas, da alegria selvagem de se apresentar como um cretino. É certo que "eu" é um outro — mas só até certo ponto. Trata-se de uma equação do espírito que se pode entender, talvez, como o acordo alegre, e mesmo a colaboração discreta, com o naufrágio da própria classe social.

Embora seja muitas vezes longa e complexa, a frase de Paulo Emílio é sempre concebida de um fôlego só. O seu risco, a que se prende um quê de aventuroso, é de não chegar sem tropeços ao ponto final. É como se ela devesse, antes de baixar ao papel, passar um teste de energia, fluidez e boa sorte, que é um ideal de vida tanto quanto de sintaxe. O seu gesto é oral, mas sem contemplação com as comodidades de retórica que permitem ao orador ganhar tempo ou voltar atrás. A sua lei é a sucessão em ato e irreversível em que a complexidade tem de se dispor sem deixar resto, o que muitas vezes é uma façanha. Uma exigência de total e instantânea presença do espírito a si mesmo, exigência severa, considerando-se a disparidade dos pontos de vista que tem na cabeça um intelectual moderno. Quanto ao ritmo, é talvez como alguém que apressa a fala pois vislumbra a seqüência que lhe permite desenrolar o sentido inteiro da frase, sem esquecimentos, sem complicações e sem acidentes gramaticais de percurso. A manifestação estilística mais saliente no caso está na parcimônia de vírgulas, tornadas dispensáveis pela clareza dos encadeamentos, ou melhor, engolidas pela aceleração da fluência causada pela clareza e concentração mentais que presidem a esta dicção. É ela, a claridade intensificada, o verdadeiro pré-requisito deste estilo, que tem semelhanças com o Oswald da crônica e com Breton. Para precisar, digamos que nas pausas da virgulação normal há sempre redundâncias. Estas expressam o automatismo da respiração, ou simplesmente a convenção gramatical, duas instâncias que estão aquém das articulações mais finas do pensamento. Assim, o sumiço das vírgulas supérfluas representa uma concentração mais exclusiva na inteligibilidade e um maior teor de logicidade da frase. A fala que Paulo Emílio procura é, se é possível dizer assim, antes pensada que dita, e é portanto mais rápida. O efeito de aceleração concentra-se nas articulações: onde havia uma vírgula, para separar, e um conectivo, para articular, resta só este último. Os dois momentos comprimem-se num só, além de que os conectivos, sem o espaço algo inespecífico assegurado pela vírgula, são exigidos de maneira mais estrita e diferenciada, e absorvidos no movimento do sentido. Em lugar de sua função gramatical esquemática, de enquadramento, sempre um pouco exterior ao que se passa na frase, afloram os seus valores lingüísticos mais sutis, e com eles algo como uma poesia dos encadeamentos. Note-se que a gramática normativa não é desrespeitada, pelo contrário. Mas as suas responsabilidades na sustentação do sentido ficam minoradas. E se é certo que há grande perícia sintática da parte do autor, ela lhe serve sobretudo para não tropeçar. São passos do trabalho de desconvencionalização e racionalização da linguagem, próprio à arte moderna. E é mais outro aspecto imprevisto da convergência de *Três mulheres* com a literatura de vanguarda. Esta última quebra as formas de representação e linguagem correntes, a fim de chegar a um material limpo de automatismos e ideologia. Já Paulo Emílio vence a inércia da frase aumentando-lhe a fluência e a velocidade.

Por outro lado, depois de assinalar a economia da fala, é preciso insistir igualmente em seu caráter muito imprevisível, não dirigido, pois a conciliação destes dois aspectos normalmente inimigos é de uma extraordinária poesia. De fato, o sentido final das frases é incerto até o último momento delas, sendo que também este não vem quando se espera. Note-se a este propósito uma espécie de segundo alento, de ressurreição da frase, que ocorre ali onde ela pareceria terminar. É como se vencido o instante difícil da formulação, e estando já segura a configuração geral do período, a prosa não se apressasse em fechá-lo, e deixasse afluir mais outra cláusula, que flutua, sem responsabilidades no esforço sintático, mas acrescentando sentido. Propiciado pelo momento de exigência e tensão, um momento de total gratuidade. Este é um ritmo extraordinariamente livre e sugestivo, embora não seja fácil dizer em que consiste a sua sugestão.

Assim, a prosa de Paulo Emílio obedece a exigências máximas — embora expressando intenções e episódios os mais desfrutáveis. Em conseqüência, desprende-se destes um estapafúrdio clima de nobreza, que é de todos os momentos. É claro que também a nobreza nestas circunstâncias muda de figura, de certo modo para mais democrático. A beleza e o segredo das três novelas encerram-se talvez nesta conjunção.

Se passamos do plano da frase ao da fábula, que por natureza é mais complexo, o ideal de desenvoltura continua o mesmo. Os obstáculos é que são outros. Já não se trata de sintaxe e palavras, mas da lógica da sociedade contemporânea. A inteligibilidade fluente e plena das situações, indispensável à vivacidade sem ponto morto buscada pela fabulação, só por meio de artifícios se consegue. Como dar brio e espontaneidade à ação, se as finalidades desta são frustras e ostensivamente anacrônicas? Trata-se de um contexto que pede sobretudo explicação. Entretanto, como Proust, Paulo Emílio faz da fluência na análise, que é extraordinária, um simulacro de naturalidade narrativa.

Neste sentido, veja-se outro indício da aceleração da prosa, nas distâncias que ela atravessa. O espaço percorrido entre uma frase e outra e no interior de cada uma delas é grande, em tempo e assunto. Digamos que em cada frase aparecem e se esgotam no mínimo uma ação, relação ou idéia, muito díspares, que não continuam na seguinte. Sem exagero, a narrativa calça botas-de-sete-léguas. Note-se que este andamento da fábula não vai sem pressupostos. Ele depende da redução fluente de assuntos diversos e intrincados à dimensão estreita de um período. Ora, esta fluência na síntese representa o trabalho de uma vida inteira de intelectual. E mais, representa a incorporação do conjunto da atividade intelectual corrente, com seu elenco de especializações e explicações, aos recursos do narrador. Estes recebem uma injeção de amplitude, ao mesmo tempo que extravasam do círculo disciplinado pela experiência tal como um indivíduo a pode caucionar. Por este ângulo, a amplitude do movimento narrativo é função de uma anterior condensação e acumulação, que afetam a idéia de ficção em seu próprio estatuto. No caso, o ficcionista supõe o estudioso moderno, de cuja informação geral e de cujos *resultados*, que são vida já muito mentalizada, dispõe. Para bem e para mal, trabalha portanto com o mundo na versão transparente e sem prevenções, mas hipotético, operacionalizado e de oitiva, que até segunda ordem parece acompanhar a preeminência cultural da explicação científica. Isso em contraste com o mundo anedótico e sugestivo configurado na acumulação da experiência de vida, em que se inspira o narrador tradicional, e que os desenvolvimentos contemporâneos transformaram em repositório de ingenuidades. Assim, digamos que a fabulação está a cavaleiro de um processo de conhecimento coletivo, dominado pela divisão social do trabalho, com critérios objetivados, processo que é a realidade de nossos dias, e diante do qual a atividade narrativa se encontra numa situação talvez difícil — qual a autoridade que lhe resta? — e em todo caso nova.

Recapitulando, os mencionados resultados intelectuais não têm a naturalidade que aparentam. São conhecimentos cavados, cujo grau de abstração é grande. A base em que descansam é o processo moderno e social do conhecimento, que não está na medida particularizada de uma fabulação, o que retira à anedota da intriga o essencial de sua autoridade de revelador. A fim de recuperar a espontaneidade narrativa, mas sem abrir mão do nível contemporâneo da reflexão, Paulo Emílio dissolve em sua prosa — à força de maestria pessoal — a panóplia explicativa de nossos dias. A conseqüência é que seu trabalho deixa, a par da fluência que assombra, o sentimento da pseudonarrativa. Esta afina em profundidade com a cena moderna, e é, pela objetividade da situação a que responde e à qual dá forma, um resultado de vanguarda.*

Para exemplo, vejam-se os variados assuntos que passam diante de nossos olhos numas poucas linhas da primeira história. A esterilidade masculina, com o seu cortejo de exames de laboratório; os cálculos perversos do interessado, um professor ateu que aproxima a mulher e um jovem discípulo para chegar à paternidade; a situação em que fica a sua senhora, que é católica; o ponto de vista do confessor horrorizado, que denuncia no men-

---

* Esses parágrafos apóiam-se no extraordinário estudo de Walter Benjamin sobre "O narrador" (1936). Diz ele, pensando na quebra moderna do valor da experiência pessoal: "A arte de narrar aproxima-se de seu fim porque a sabedoria, que é o aspecto narrativo da verdade, está em vias de extinção". *Gesammelte Schriften*, II, 2, Frankfurt, Suhrkamp, 1977, p. 442.

cionado propósito a ofensa a Deus e o pecado contra o próximo; o leque dos argumentos que o professor lhe opõe junto à esposa, que vão do vulgar — o corno sou eu — ao metafísico — as propriedades numerológicas do amor e do número três.

A unidade da seqüência é clara e deve-se aos planos do professor. Mas a sua nota alegre não está aí, está na saliência intelectual das perspectivas secundárias, que parecem desfilar mais ou menos ao acaso: na ligação de vida sentimental e laboratório, na heterogeneidade dos termos presentes ao cálculo conjugal, no enfrentamento entre ateísmo e catolicismo dentro do matrimônio, na teologia e na falta de autoridade do confessor, no método pedagógico do marido, que procede do mais evidente ao mais abstrato. Estes aspectos vêm à baila a propósito da ação, à qual no entanto não se subordinam, pois estão vistos pelo prisma de sua lógica própria. Formulam-se de um ponto de vista geral, que fica atravessado na circunstância particular tecida pelo enredo. A despeito da brevidade e de não terem continuação, cada um deles é em si mesmo um mundo, um mundo de que a autoridade de algum mito está em vias de desaparecer. Representam uma intuição, o resumo de um raciocínio, uma observação sugestiva, ou seja, um resultado apreciável e suficiente da vida intelectual. São conhecimentos sempre vivos e explicativos, às vezes fulgurantes, mas sobretudo situam o foco da vida em dinamismos autônomos, que não nascem com a intriga e não morrem com ela, a cujo teor de particularidade fazem contrapeso.

O conjunto destes momentos esclarecidos, excelentes neles mesmos, compõe entretanto uma assembléia de forças desconexas, de efeito cacofônico, o qual é um tento literário. Noutras palavras, o teor de personalização necessário à fábula individualista (e à esfera conjugal) sofre um contraste cômico, do qual sai negado. A vizinhança metódica do muito pessoal e do comum de todos configura um desequilíbrio que é em si mesmo um juízo histórico, bem como um momento da crise da ficção moderna, além de ser um alegre desaforo. A cena privada se desintegra numa multidão de causas discrepantes e muito ativas, que trabalham sem descanso, mas por conta de ninguém. É como se numa sala de visitas se cruzassem linhas de bonde. Assim, a multiplicidade de aspectos e explicações a que a narrativa recorre para melhor configurar seu assunto contribui em primeiro lugar para a dissolução cômica dele, e é só neste sentido que o aprofunda. — Vistas em conjunto, as perspectivas de circunstância são, como era de se esperar, essenciais. Compõem um contexto espirituoso e atomizado, em que tudo é ocasional (e portanto vulgar) do ponto de vista da composição, e que no entanto recolhe a experiência racional e crítica de nossos dias e do autor, e por aí, aos pedaços, a objetividade da alienação moderna. Isto em contraste com a intriga — a dimensão globalizante — cuja lógica interna é estrita, mas fortuita (e portanto vulgar, em contraste com a objetividade das observações ocasionais).

Em analogia com o cinema, digamos que se trata de um *thriller* cujas intenções intelectuais fossem muitas, mas estivessem a cargo do cenógrafo. Este procura dar o essencial da crítica contemporânea em toques de segundo plano, sempre ressalvando o convencionalismo do primeiro, que afinal também se salva, pelo toque satírico. Daí aliás uma correlação muito particular de construção, observação ocasional e razão. O equilíbrio entre a liberdade digressiva das explicações — desde que disciplinadas pela brevidade — e o andamento estrito e dessueto do enredo é um arranjo surpreendente. O movimento da intriga é lógico mas irracional, a razão está nos momentos assistemáticos, que aparecem numerosa e regularmente, e a espontaneidade é mais refletida que a construção. O fato é que neste livro, como na cena contemporânea, a inteligência é muita, está em toda parte, e a irracionalidade não podia ser maior.

No exemplo que demos, a referência está sucessivamente na medicina, no erotismo, no catolicismo familiar, na teologia, no ateísmo, na lógica, na numerologia. A fluência com que a prosa invoca estas esferas e passa de uma à outra causa admiração, e causa também riso. Como observou um crítico, o narrador é a prova viva de que é possível ser culto sem ser pedante, o que nas circunstâncias é uma façanha, considerando-se a diversidade e extensão dos conhecimentos que mobiliza.* De fato, a sua naturalidade representa uma performance, algo como uma vitória do homem culto sobre a esterilidade das especializações modernas. Esta desenvoltura é da mesma ordem, noutro plano, que a exigência de inteireza e elegância que procuramos sugerir a propósito da frase. Nos dois casos trata-se de alcançar uma espontaneidade segunda através da maestria em condições adversas. Entretanto, por causa mesmo de suas acrobacias, este *homem total* tem muito de *clown*. Mais que abarcar o conjunto de sua vida, ele lhe percorre a compartimentação, cuja dispersão e incongruência numerosa a fluência do movimento sublinha e não harmoniza. Se a prosa de ensaio é um compósito que torna narrável o mundo moderno e seu teor acrescido de abstração, ela é também um indício de desconjuntamento. Atrás da fluência ensaístico-narrativo-paulista está a permanente disposição de tudo relacionar e explicar, com os meios próprios da *cultura geral*, de que são parte as especialidades amadorísticas, os esquemas científicos, os boatos universitários, as convicções ocultistas, a formação humanística etc. Resulta um amálgama cuja modernidade está precisamente na nota falsa. Mais que explicar alguma coisa, a multiplicidade das explicações é parte ela própria da confusão. Não à maneira infinita de Kafka, em que está em jogo o princípio da questão, mas à maneira rotinizada de nossos dias, em que esta proliferação dos

---

* Ver J. G. Nogueira Moutinho, "Três mulheres do sabonete Araxá", *Folha de S.Paulo*, 29/5/1977.

raciocínios é parte do panorama e não se eleva à conseqüência do conjunto. Desta perspectiva, que não é a única, a fluência confina com a simples loquacidade das classes informadas e bem-falantes. Muita vida intelectual, mas enquanto parte da alienação, e não enquanto solução para ela.

Voltando à verve de Paulo Emílio, é preciso lembrar que nas três novelas as personagens estão atoladas no constrangimento conjugal. O culto da fala que não pára diante das barreiras do decoro e da auto-estima deve a sua força à estreiteza deste campo. Ao furar tais barreiras a frase adquire luminosidade e restabelece a inteireza da vida — ainda que ao preço do grotesco, pois a unidade sendo do movimento e não da pessoa, é justamente a falta de unidade desta última que se põe em relevo, além da complementaridade profunda entre decoro e vulgaridade. A intenção de desalienar passa, aqui, pela aliança programática com todas as formas de alienação em que o ciclo familiar se completa: por exemplo o labirinto legal do desquite e da separação de bens, as questões técnicas da virgindade, a aritmética do adultério etc., em cuja tecnicidade e dificuldade se revelam finalmente aquela energia e inventividade superiores, propriamente renascentistas, que no campo matrimonial pareciam não querer brotar. A este respeito, observe-se entretanto que a norma de brevidade subordina a alienação à alegria intelectual de entendê-la e de passar adiante. O oposto da fascinação que leva metade da arte moderna a se comprazer na alienação que assinala, a ponto de no limite a duplicar.

Este ideal de um movimento de frase não-cortado tem o seu valor polêmico na transgressão: o ímpeto não se detém onde pedem as conveniências. O que não quer dizer que as frases não terminem. Pelo contrário, o que chama a atenção é que elas acabam muito completamente, e este seu modo pronunciado de terminar as caracteriza e valoriza tanto quanto a transgressão. Trata-se de outro aspecto da mesma busca de inteireza. Para evitar mal-entendidos, note-se que não há no caso nenhuma veleidade de expressão lapidar ou definitiva, de estilo parnasiano. A perfeição visada não é da ordem da escrita. A referência do movimento está na analogia com a vida bem vivida, e com a ação bem realizada. A frase corre os seus riscos, tem os seus auges, e se extingue sem deixar restos, extinção que é uma de suas ambições maiores. Noutras palavras, a sua curva é governada pelo intuito de maximizar as intensidades, e portanto de esgotar a energia e o assunto disponíveis. O interesse pelo ciclo energético das ações e pelo seu ápice está no centro do livro, seja enquanto inspiração formal, seja enquanto assunto. Noutro lugar, resenhando uma biografia de Malraux, Paulo Emílio sublinha a "agudeza de ato" que em vários momentos o biografado soube alcançar. Esta expressão indica bem a preocupação que é a sua.

Para uma exemplificação pedestre, veja-se neste sentido um parágrafo como outros. As folhas de um caderno são as *últimas*, a partida para Jundiaí é *iminente*, o sentimento de apreensão é *súbito*, as menções à insônia *voltam a aparecer*, o sabonete de eucalipto *já não faz efeito*, o esforço para dormir é *desesperado*, as doses de soporífero são *cada vez mais fortes*, os anos são curtos *perto da eternidade*, talvez seja *tarde demais* etc. (pp. 68-9). Noutras palavras, é constante a referência a um limiar, que faz que a ação e com ela a frase não sejam simplesmente um dado, mas tenham um ponto de aparecimento, de desaparecimento ou crise. Este ponto crítico retesa o movimento, e lhe dá a unidade interior e dramática a que se prende o sentimento de processo iminente, de intensidade e conclusão, a que nos referíamos, e que se poderia chamar também de sentimento da dialética. Entre parênteses, porque é indicativo da preocupação que apontamos, seja dito que o aguçamento da ação através de expressões próprias para realçar o momento máximo, tais como *a primeira vez, na vés-*

pera, afinal, pouco faltou, prodigioso, singular, sobretudo etc., chega a ser um tique. É claro por outro lado que os mais belos auges são aqueles que provêm direto do movimento da frase, sem ajuda de advérbios e adjetivos.

De diferentes maneiras, a busca do momento alto está presente na cadência da prosa, no movimento narrativo, na matéria de ficção, e é assunto de investigação propriamente intelectual. Ela é o ponto comum que confere unidade estética ao conjunto. Vimos o que esta busca significa do ponto de vista subjetivo, como exigência de maestria. Do ponto de vista da representação da realidade, ela se traduz pela concisão, que é também uma forma de domínio. Por outro lado, concisão no caso não é um fato só de estilo: refere-se a um aspecto da própria realidade. Esta também pode ser concisa, justamente em seus momentos cruciais, em que as prioridades e o sentido do processo vêm à frente para se transformar. São momentos em que a vida exterior sai de sua indiferença aparente e se torna comensurável ao espírito, pois se abre à compreensão e à intervenção. Esta conjunção entre as intensidades subjetiva e objetiva, sob o signo de sua afinidade e prolongamento mútuo, configura um estado de euforia e excepcional fluidez. Chegamos à outra dimensão do momento alto, em que além da brevidade e clareza se busca também a *revelação*. Neste sentido, a preferência estética pela intensificação em toda linha se poderia traduzir, talvez, pelo desejo de crise, e pela esperança de que alguma coisa enfim aconteça, sentimento este que é um dos ânimos genéricos das três novelas ("Recomeçou a falar mais depressa, aparentemente aflita para chegar a um ponto onde alguma coisa ia acontecer." [p. 102]).

De fato, o momento alto é um princípio de economia narrativa, porque adensa e resume, mas é objeto de interesse — de um interesse sequioso — ainda a outro título, pelas surpresas que reserva. Trata-se das revelações que domínio e maestria têm a seu próprio respeito uma vez vencida a resistência que enfrentavam.

O instante do triunfo traz algo como a positivação da liberdade, cujos movimentos são objeto, da parte do autor, de uma curiosidade de naturalista. A paisagem que se descortina dos momentos de auge, em que se demora a atenção de Paulo Emílio, é de outro planeta. De um planeta interior, tornado exterior: a liberdade tem necessidades e ritmos próprios, e é um pedaço de natureza como outro qualquer. Assim, o interesse supremo do livro está na sondagem e no esclarecimento do curso do interesse ele próprio, sobretudo em seus momentos supremos, sobre os quais as observações e reflexões originais são muitas e de grande força poética. Resulta um clima um pouco autista, de intimidade com o desejo — que se encontra consigo mesmo —, cuja intensidade é extraordinária. A surpresa está sobretudo no caráter *impessoal* que passado certo ponto o interesse e o próprio autismo assumem, paradoxo que é uma das revelações da ficção de Paulo Emílio. Não faltam exemplos, vejamos alguns.

Vinte e cinco anos depois, encontram-se por acaso Helena e o rapaz de quem o marido a havia aproximado a fim de terem um filho. Sempre obediente ao esposo, que acumulara remorsos a ponto de não ter forças para uma confissão, a moça, agora uma senhora, se dispõe a contar tudo em seu lugar. O narrador, que é o antigo rapaz, e que acumulara também ele decênios de arrependimento, apresta-se a ouvir.

> Todos meus sentimentos anteriores tinham sido substituídos por tal curiosidade em estado puro que apagou momentaneamente a própria identidade de Helena. Penso que o mesmo sucedeu com ela: logo depois de ter começado a falar, minha personalidade se dissipou apesar de seus olhos não se despegarem do meu rosto. [p. 20]

Alcançado um certo ponto crítico da atenção, quem vê, escuta e entende já não é uma pessoa. Os interesses individuais ficam para trás, e com eles a identidade e o travejamento burguês da vida. Reina um desapego muito particular, que é talvez o objetivo verdadeiro do livro, e que leva o espírito pelos caminhos de uma ordem de coisas diferente. Assim quando o narrador descobre o diário azul de sua mulher, em que é tratado de corno. Por erro de cálculo, a esposa acabava de se matar. Prosseguindo na leitura, o narrador se dá conta de que o outro diário de Hermengarda, o roxo, que furtivamente ele também tinha lido e cujos sentimentos nobres o tinham abalado até as lágrimas, havia sido escrito e posto ao seu alcance com esta precisa intenção. Como reage a revelações tão extraordinárias? Não se afoba. Com sangue-frio lê quase duzentas páginas de letra miúda, não deixa passar uma palavra mal escrita, fica sabendo de uma prodigiosa quantidade de coisas, desenvolve um método científico para identificar as pessoas que o diário indica pelas iniciais ou por abreviaturas, afasta-se dos negócios, leva uma vida de monge, sempre relendo o mesmo caderno, *e pode dizer que era feliz,* isto até o momento em que se dá conta deveras da morte da mulher que era o seu tormento, quando então o universo vira pó. A seqüência é convincente e de grande beleza, mas não é fácil dizer por quê, e em todo caso a lógica de seu encadeamento é incomum. A satisfação, o desejo de saber, o espírito científico, o sangue-frio, a felicidade, nada está onde se imagina, tudo está onde ninguém diz, além de não se combinarem conforme o esperado. Um encaminhamento semelhante encontra-se na terceira novela, em que a jovem esposa querendo o desquite conta ao marido avançado em anos quanto o havia enganado. O relato é crescentemente detalhado e insultuoso, e o marido o segue com atenção mais e mais iluminada. Não do ponto de vista de seus interesses práticos evidentes, de reputação, propriedade, separação etc. "Meu silêncio não era apenas político: estava prodigiosamente interessado pelo enredo e ansioso para que continuasse" (p. 102). O movimento conclui dez páginas adiante: "O resultado da explosão foi literalmente um ataque de riso que me estendeu de comprido na poltrona, sacudido por intermináveis gargalhadas que ameaçaram me sufocar, chorando de alegria até o limite da convulsão" (p. 114). Este não é o senhor educado, abastado, casado com a discreta funcionária de sua firma, que julgávamos ter diante de nós. Aliás, se fizermos alguns cálculos, teremos mais revelações a seu respeito. Quando conhece a auxiliar de escritório de dezesseis anos que aos trinta viria a ser a sua esposa, o narrador tinha de ter por força mais de cinqüenta, pois lembra que ela podia ser a sua neta. Nos catorze que passaram entre os dezesseis e os trinta da jovem, mais os anos entre o casamento e a presente crise conjugal, que termina com um soco na cara e a descoberta do amor autêntico, o herói terá passado dos setenta. São cálculos fáceis, mas é preciso fazê-los para se dar conta dos aspectos mais puxados da situação, encobertos pela distinção da prosa. Por outro lado, quem os faz toma distância da cena imediata e ascende ao campo das reservas mentais, entre sabedores, onde domina a inteligência, posição sempre buscada nestas novelas. É claro que a revelação mais interessante no caso não são os anos do dr. Polydoro, mas o prazer maldoso que proporcionam os exercícios de aritmética a respeito da idade de uns e outros. A superioridade de vistas e de certa forma a *espiritualização* que acompanham estes cálculos não são sem gozo, nem são vizinhas da caridade. Por outro lado, é verdade também que os enigmas numéricos propostos pelo autor não dão certo, o que talvez não tenha sido descuido seu, e de todo modo acrescenta uma dimensão apalhaçada ao exercício da superioridade intelectual.

Nas três histórias a presença de birras e manias é grande. Sobretudo na segunda, a estridência delas é extrema. O marido detesta gatos, tem horror à promiscuidade na piscina, não suporta o prenome que tem, é capaz de qualquer coisa para que não o pronunciem, e o seu hobby é a arte militar. A mania de Hermengarda é abreviar o nome dos outros e ouvir inteiro o seu próprio, pronunciado por terceiros ou por ela mesma, sempre com H aspirado. A sua aversão a banhos é constrangedora, a irregularidade em seus papéis de desquitada casada a irrita muito etc. De mesma ordem que a curiosidade, a impaciência, o sangue-frio, a amplitude de vistas ou a concentração, a mania representa uma elevação da intensidade mental, ainda que desviada, e é a este título que se integra no espírito geral do livro. O aspecto crítico de sua preeminência é evidente: a intensidade pessoal já não encontra campo nos domínios da normalidade burguesa e busca refúgio em manias. Estas são um resto caricato mas autêntico da necessidade interior, e há mais valor nelas que nas finalidades da vida corrente, cujo esvaziamento histórico é total. Todavia é preciso especificar a crítica de que se trata aqui. Para ter uma idéia do ponto no espectro ideológico em que esta prosa se situa, digamos que ela não tenta provar o que para ela é óbvio, a nulidade da vida burguesa. Dada esta por assente, o que procura é menos, é encontrar algo vivo. Mas não se trata também do elogio sem reservas da Vida, pois o anacronismo das situações não é jamais omitido. A existência de intensidade não abre perspectivas nem justifica coisa alguma, e todavia consola. Por outro lado, bastando-se com tão pouco, o critério de Paulo Emílio é subversivo. Se o valor está na intensidade e no movimento, pode não estar onde a hierarquia social ou moral o põem, e sobretudo estará onde nunca estas o admitiriam. A conseqüência mais palpável é uma extraordinária imparcialidade. A prosa toma o partido do movimento, e não da estabilidade e da pessoa, o que traduz o desejo de sair do lugar a qualquer preço e leva não se sabe aonde.

O melhor documento desta imparcialidade está na simpatia das três novelas por desígnios, simpatia ostensivamente sem prevenções. Assim, acompanhamos com interesse o professor que no dia certo do mês atrai um jovem amigo para junto da esposa, a fim de conseguir um filho por esta via; ou o marido que se orienta pelos escritos militares de Napoleão, Rommel e Patton na guerra que move à mulher e à família para que saiam de casa; ou Hermengarda que não mede esforços na composição de um diário calculado para comover o esposo e voltar a dominá-lo, e que para fortalecer o lance finge até um suicídio, que por uma falta de sorte é coroado de êxito; ou a secretária que apela para a ciência médica para refazer a virgindade e casar com o seu chefe idoso, cuja fraca performance a obriga a voltar ao mesmo médico para desfazer o que havia refeito etc. São situações caducas (a primeira história não é cômica por natureza, mas é tratada neste espírito, pois os cálculos do professor têm o seu fundamento em especulações numerológicas). No entanto, sem abater nada de seu ridículo, o autor valoriza nelas a firmeza de propósito e a disposição de usar os meios apropriados, além de seu interesse pragmático elementar: questões de guerra conjugal, de paternidade trocada, de muita diferença de idade entre os cônjuges etc., têm uma oportunidade extraliterária que dispensa comentários. Neste espírito, a narrativa não recua diante de questões práticas, que usualmente não são matéria de literatura, pois parecem pouco poéticas. E tem razão de não recuar, pois como sabem os materialistas as condições de realização de um projeto não lhe são interiores, e a resposta a questões íntimas pode ser técnica. Assim, para terem um filho o professor e sua esposa vão ao cinema a fim de estudar o comportamento das vedetes americanas pelas quais o seu jovem amigo tinha um fraco. Outro exemplo, na terceira novela há uma súbita digressão sobre o endurecimento dos pergaminhos do século XVIII, que permite à heroína, apoiada em seus conhecimentos de encadernadora, dar uma explicação mentirosa mas sem desaire ao pouco sucesso de seu patrão na noite de núpcias. Ao passo que na segunda história vimos que o marido estuda os clássicos da guerra com vistas à esposa, que por sua vez melhora de redação e caligrafia a fim de enganá-lo. Em suma, ainda dentro da falta de sentido generalizada a poesia da ação e da razão se faz sentir aos olhos de um homem imparcial, que retira daí uma posição inexpugnável para a sua alegria. O partido do movimento e da intensidade, sem consideração de suas finalidades, é um momento da crise da ideologia contemporânea, e veremos que ele é figurado criticamente no desfecho das três novelas.

Passando ao plano da composição, considere-se que uma coisa é o ponto alto da frase, outra é o ponto alto da vida. Este faz parte de um conjunto naturalmente hierarquizado. Ora, a prosa de unidades intensas e auto-suficientes é um princípio anti-hierárquico. Daí o seu brilho, e sua pouca afinidade com a dimensão propriamente arquitetônica da narrativa: não se podem destacar todos os momentos e ao mesmo tempo destacar uns poucos. E de fato, a composição das novelas apresenta dificuldades, pois os seus passos decisivos não se erguem acima dos outros, cuja intensidade também é grande. Veremos adiante que este nivelamento se justifica pela natureza das questões em jogo, que têm a forma da opção existencial, hierarquizadora por excelência, mas são caducas pelo fundo. O curioso é que se trata de um nivelamento para cima, em que a multiplicação moderna das explicações desacredita a singularidade e a dramaticidade do ponto alto, que não perde em dinamismo, mas ganha em ridículo, e naturalmente se achata. Manias e maluquices não têm menos lógica do que as opções centrais, a cujo tom nobre aspiram. Estas por sua vez assimilam o timbre daquelas. Explicações e iniciativas triunfam sobre obediência e cegueira, como quer a *Aufklärung*, e estabelecem a confusão e a tolice. A intensidade e a compreensão estão em toda parte, o sentido em nenhuma, e não se justificam as grandes linhas de uma construção. Entretanto, todas as três novelas são fortemente construídas, sempre em busca de momentos máximos, que é onde talvez elas sejam mais vulneráveis.

A despeito da muita ironia, o recurso ao suspense como elemento de estrutura é uma solução de facilidade, e é por este lado que o livro confina com o simples divertimento. Com efeito, o plano das três novelas baseia-se na revisão de um acontecimento à luz de uma revelação ulterior que modifica tudo (reprise aliás que está no título das peças: "Duas vezes com Helena", "Ermengarda com H", "Duas vezes Ela"). Na primeira novela o adultério dos 25 anos é revisto aos cinqüenta, mas acrescentado de um elemento novo: atrás do encontro com Helena havia estado a intenção do marido. Na segunda, a vida é reconsiderada à luz das revelações comoventes do diário roxo, as quais por sua vez serão revistas à luz das revelações acabrunhantes do diário azul. Na terceira, finalmente, a fase feliz do matrimônio, registrada no primeiro caderno, é retomada à luz de sua fase turbulenta, registrada no segundo. A eficácia do recurso é tão segura quanto é certo o interesse de uma tal viravolta. Mas é também um pouco fácil, pois no que diz respeito à complexidade, está aquém da tensão produzida na prosa, a qual fica sem ressonância última.

Por outro lado, os pontos de contato entre suspense, prosa e assunto são também muitos e sugestivos, o que recupera o primeiro em vários aspectos. De fato, o suspense é um elemento de intensidade e revelação, da ordem justamente das questões que o livro aprofunda. Sendo uma dimensão mental dos acontecimentos, ele se integra bem com a série de enigmas, lapsos, trocadilhos, jogos tipográficos e cálculos numéricos através dos quais a narrativa distancia o movimento do mundo e o subordina à linguagem e ao ritmo do desejo, que por sua vez são parte objetiva do ritmo geral. Aliás, as afinidades que Paulo Emílio sugere por este ângulo são inesperadas e de uma extraordinária felicidade.

O espaço autista da literatura confessional é parte importante das três novelas a este título, por conta de seus ritmos de onipotência e impunidade (os cadernos de Ermengarda, os carnês de Ela etc.). Idem para a reconsideração da vida em condições de visibilidade excepcional (seja porque o diário da falecida não mente, seja porque a mulher do professor é veraz, ainda que por obediência ao marido, seja porque a ex-secretária e atual esposa está exasperada e interessada em romper), condições que trazem à tona o elemento de excitação e liberação próprio ao conhecimento. E a própria busca do momento alto da frase e da ação, tão literária em aparência, tem a ver com um sonho de império, algo como planar na crista da onda, com o correspondente momento de auto-revelação.*

Conjugada à forma dominante nas três novelas, que a idéia de *reprise em nova luz* talvez resuma, corre uma linha melódica.

---

* Ver desta perspectiva o trecho seguinte: "Vi que a pausa era definitiva, ela não tinha mais nada a acrescentar. Seguira o relato com a maior atenção sem me distrair uma só vez, o que ressalta na fidelidade com que acabo de reproduzi-lo uma semana depois. Meus sentimentos foram variados mas predominou a emoção. Era a primeira vez que ouvia uma confissão tão espontânea, além de formulada com algum talento. Essa experiência deve ser trivial aos padres, analistas e uns poucos policiais estrangeiros, não acredito que os brasileiros consigam confissões assim. Quando não tocam nos confessos potenciais, por definição inconfidentes, só ouvem mentiras. Se usam outros métodos, as verdades que arrancam a alicate, juntamente com as unhas do interlocutor, são apenas frangalhos de verdade que pertencem a um corpo e a um espírito amortecidos. Ouvir, porém, a confissão de uma boca e de uma alma palpitantes de ambigüidade, eis aí uma experiência que pode ter se tornado corriqueira para os confidentes profissionais, mas para um amador como eu é capaz de alterar a vida" (pp. 109-10).

Esquematizando, seria a seguinte. De início, a versão dos fatos do narrador. Em seguida, a revelação de que ele fora enganado por completo, revelação que vem pelo prisma da mulher. Esta nova é acolhida com inesperado entusiasmo, pois livra a personagem masculina do constrangimento e da culpabilidade que acompanhavam a sua versão dos fatos. As maquinações em que o narrador foi enrolado despertam nele um interesse extraordinário e lhe devolvem a liberdade de agir que se perdera na rotina da opressão a que o cavalheiro submete ou julga submeter a sua dama. Esta liberdade é um estado de grande intensificação. A personagem retoma contato com o seu movimento profundo, e chega a uma decisão — *a qual nos três casos é uma bobagem*. Noutras palavras, a despeito das peripécias, revelações e da intensidade da conclusão, a melodia não vai mais longe, em fim de contas, que todo mundo. Trata-se de uma paródia da opção existencial, e a combinação de autenticidade pessoal e tolice é um achado. Algo como um existencialismo paulista-tradicional — isto é, estritamente *familiar* — em que a descoberta do sentido da vida não tem sentido, dado o esvaziamento histórico das opções que se oferecem. Aliás, o tema da energia e do momento alto, em contraste com o apagado e gradual, corre paralelo às preocupações teóricas com a vida autêntica. Com a diferença capital de que não postula o indivíduo como unidade.

O movimento da intriga, que é rigoroso, pauta-se pela passagem do inautêntico ao autêntico. Em certa medida, esta representa um conflito social, pois as suas balizas coincidem mais ou menos com a contradição entre o indivíduo e os constrangimentos que lhe pesam, no caso a ordem familiar. Entretanto, de modo nenhum as novelas se resumem à cena privada a que pertence a dinâmica de sua intriga. Pelo contrário, elas estão salpicadas de indicações, que são datas históricas e sociais. Aliás, vimos que também a realidade figurada na prosa não se subordina ao âmbito da intriga e que pelo contrário o contesta. Sem que o ano esteja mencionado, a atualidade do livro está em torno de 1970: 25 anos depois do término da Segunda Guerra Mundial, quando os cinqüentões têm Hitler e Mussolini como referências juvenis, quando os costumes sexuais estão mudados, quando opositores do regime assaltam bancos e quartéis e aparecem nos cartazes dos procurados pela polícia, quando a Ciência Nupcial, a Lingüística e a Crítica Literária passaram por grandes transformações, quando — isto nas três histórias — a polícia enlouquece e mata adversários da ordem, quando a rua da Consolação já havia sido alargada, quando as ações da Petrobras sobem, embora corresse que fossem coisa de comunistas. Estas alusões tão desiguais aparecem sem método, ao acaso de sua presença na cabeça do narrador. Entretanto é claro que são indiscrições calculadas, a fim de situá-lo a ele e à sua classe social (diga-se de passagem que a presença das façanhas policiais pós-1964 sob a pluma do narrador é um modo de afirmar que as classes abastadas sabiam delas). O essencial dos tempos vem como apoio secundário da ficção, como um dado de contexto. O efeito literário naturalmente é o inverso. São as vidas tão vivas das personagens que se transformam em dados da paisagem histórica. A despeito de toda a busca de energia, velocidade e ação, são as suas subjetividades que se transformam em documentos de uma classe que, embora estando no poder e ocupando incontrastada toda a cena, já parece uma espécie zoológica em extinção. É a melhor prosa brasileira desde Guimarães Rosa quem o diz, e não como tese, mas por força da coerência de seu trabalho artístico.

(1978)

Nota bibliográfica

"Sobre *O amanuense Belmiro*". *Revista Civilizacão Brasileira*, nº 7, Rio de Janeiro, 1966.

"A tribulação de um pai de família". *Suplemento Literário de O Estado de S.Paulo*, 12/3/1966.

"O cinema e *Os fuzis*". *Revista Civilização Brasileira*, nº 9, Rio de Janeiro, 1967.

"O raciocínio político de Oliveiros S. Ferreira". *Revista Teoria e Prática*, nº 1, São Paulo, 1967.

"Nota sobre vanguarda e conformismo". *Revista Teoria e Prática*, nº 2, São Paulo, 1968.

"Didatismo e literatura". *Revista Teoria e Prática*, nº 3, São Paulo, 1968.

"Cultura e política, 1964-1969". *Les Temps Modernes*, nº 288, Paris, 1970.

"19 princípios para a crítica literária". *Almanaque*, nº 2, São Paulo, 1976

"*Termos de comparação*, de Zulmira R. Tavares". Prefácio ao livro de mesmo título, São Paulo, Perspectiva, 1974.

"Utopia", Inédito.

"Anatol Rosenfeld, um intelectual estrangeiro". *Debate e Crítica*, nº 3, São Paulo, 1974.

"As casas de Cristina Barbosa". Convite para a exposição de Cristina Barbosa em São Paulo, 1975.

"Cuidado com as ideologias alienígenas". Movimento, nº 56, São Paulo, 26/7/1976. A entrevista foi conduzida por Gilberto F. Vasconcellos e Leo Wolfgang Maar.

"Revisão e autoria". Inédito.

"Sobre as *Três mulheres de três PPPês*". Inédito.

ESTA OBRA FOI COMPOSTA PELO ACQUA ESTÚDIO EM MINION E IMPRESSA
PELA RR DONNELLEY EM OFSETE SOBRE PAPEL PÓLEN BOLD DA
SUZANO PAPEL E CELULOSE PARA A EDITORA SCHWARCZ EM MAIO DE 2008